紙のからくり

カミカラホラー

…ば！

その日、私のところへ
不思議な招待状が
届いた…

Welcome to Horror World of
Kamikara

ようこそ、
カミカラホラーの世界へ

Haruki Nakamura

中村開己 著

ココロシテ
ミヨ

日本文芸社

Contents

つくるときの難しさ	
難しい	★★★
普通	★★
かんたん	★

バク宙キョンシー…9

難易度 ★★　つくり方 p.26　型紙 p.47,49

口裂け女…10

難易度 ★★★　つくり方 p.28　型紙 p.51

おばけ爆弾…10

難易度 ★★　つくり方 p.18　型紙 p.53,55,57

ぱっくりゾンビ USA…12

難易度 ★★★　つくり方 p.30　型紙 p.59,61,63

動画でチェック！ 遊んでびっくり！の動画付き

YouTube、または当社ホームページの特設サイトから遊び方動画を見ることができます。

http://sp.nihonbungeisha.co.jp/kamikarahorror/

端末や通信環境によっては、
ご利用いただけない場合や、また別途
通信料金がかかる場合があります。
本サービスは予告なく変更することが
あります。あらかじめご了承ください。

QR コードからも
アクセスできます

怪しい 招待状（しょうたいじょう）から見えた
キャンディを
取ろうと
した
ら……

コ コ ロ シ テ ア ケ ヨ

Welcome to Horror World of
Kamikara

うわっ、なんだこれは!

カミカラホラーへの招待状

つくり方	型紙
p.16	p.33

4

不思議な**手**から逃れようと、真夜中の街中へ
街には誰もいない。

おーい！
みんな〜！
誰かいないの〜？

ハッピーハロウィン♪

バーン

か、かぼちゃのおばけ〜
逃げろ〜！

ボン

ぺちゃんこな物体が一瞬で
ジャック・オー・ランタンに！

ぺじゃ

ジャック・オー・ランタン	
つくり方 p.18	型紙 p.35,37

5

ハァ、ハァ、ハァ
なんだか暗いところに
来ちゃったな。

暗がりに
何かの影（かげ）が……

「誰かいるの?」

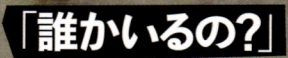
痛っ! 大きな箱に
ぶつかっちゃった。

…、、、

これ何だ?
何か
入ってるのかな?

死神

つくり方
p.20

型紙
p.39

ついに やつらが

うわぁ
し、死神だ～！
ミ、ミイラだ～！

よみがえりミイラ

| つくり方 | 型紙 |
| p.22 | p.41 |

目覚めた

ギャ〜！

血をおくれ

バンパイヤに変身した〜！

ボン！

グルンッ

変身バンパイヤ

つくり方	型紙
p.24	p.43,45

コウモリ、あっちいけ！

あっちで
回ってるのは……

キョンシー

じゃないかっ!

気づかれる前に
逃げろ〜!

クルッ

一回転!

バク宙キョンシー	
つくり方 p.26	型紙 p.47,49

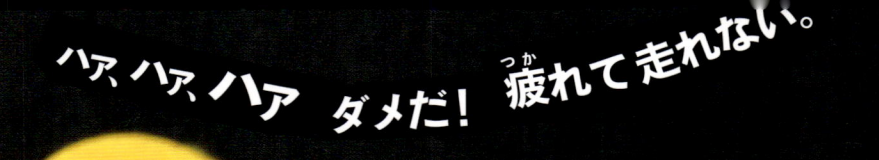

おばけ爆弾

つくり方	型紙
p.18	p.53,55,57

そんなことより、
ワタシって
キレイ？

ギャ〜〜
助けて〜！

キャイン
キャイン
キャイン…

口裂け女

つくり方	型紙
p.28	p.51

ついに ゾンビ が

ぞくぞくゾンビが こっちに向かって来る！

どうしたらいいの〜、逃げられないよ！

あ、オノ がある！

よし、もう戦うしかない！ 反撃せよ！

ゾンビ撃退用オノ
つくり方 p.31
型紙 p.63

必要な道具

①ハサミ
使いなれたものがいいでしょう。曲線を切るときはカッターより使いやすいことも。

②カッター
基本的に普通のカッターでOK。細かい部分はデザイン用カッターも便利です。

③カッターマット
テーブルを傷つけないために、カッターを使うときは下にしきましょう。

④千枚通し
型紙に折りスジ（折り目）をつけるときに使います。鉄筆やインクの切れたボールペン、コンパスなどでも代用できます。

⑤定規
千枚通しなどを定規に沿わせて使うと、きれいな直線の折りスジをつけることができます。

⑥速乾性の木工用ボンド
すぐにくっつき、はがれにくい速乾性の木工用ボンドが最適です。

⑦つまようじ
ボンドを型紙にぬるときに使います。細かい部分へののりづけにも適しています。

⑧ピンセット
輪ゴムを取りつけたり、指が入らないところをはり合わせるのに便利です。

※作品によって必要な道具が多少変わります。それぞれのつくり方ページにも必要な道具を記しています。

⑨輪ゴム（原寸大）
本書で使うのは、No.16（直径約4cm）です。

No.16

こんなとき
どうする？

カミカラ Q&A

Q まちがえて切ってしまったときは？
A セロハンテープではりつなげばOK。ただ、その上から別の紙をはらなければいけない場合は、セロハンテープではなく、型紙の不要な部分を小さく切って、まちがえたところの裏からボンドではってつなぐといいでしょう。

Q 長時間しまっておくときは？
A 色があせたり、輪ゴムが劣化するのを防ぐために、日の当たらないところに置いておきましょう。久しぶりに遊ぶ場合は、輪ゴムが切れやすくなっていないか確認を。

Q ボンドがのりしろからはみ出てしまったときは？
A きれいな布に水を少しつけて、軽くふき取りましょう。

つくり方の順番とコツ

1 型紙を本から切りはなす

型紙を本書からミシン目に沿ってていねいに切りはなします。型紙は複数ページに渡る場合もありますので、作品の型紙ページを確認してすべて切りはなしましょう。

2 折りスジをつける

山折り線にも谷折り線にも、千枚通しや鉄筆を使って折りスジをつけます。作品をきれいに仕上げるために大切な作業です。定規を使い、ていねいに行いましょう。

折りスジをつけるコツ

POINT 千枚通しは寝かせ気味にして使います

3 パーツを切り抜く

切り取り線に沿って各パーツを切り抜きます。曲線はハサミで、直線はカッターを使うのがおすすめ。中をくり抜くものがあるパーツは、先に中をくり抜いてから外わくを切り取りましょう。

ハサミで切るコツ

複雑な形を切る場合は、①大まかに切り取る ②同じ方向はまとめて切り込みを入れる ③逆側からハサミを入れて切り落とす。切りやすい方から何度もハサミを入れるのがコツです。

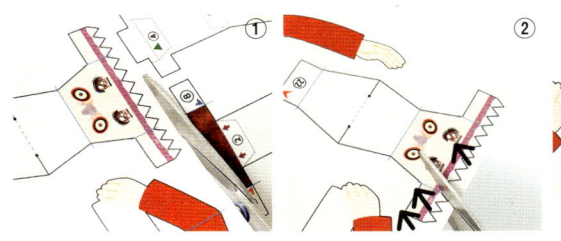 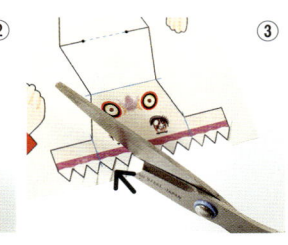

カッターで切るコツ

カッターは上から下へ動かして切るのが基本です。左右に動かして切ろうとすると、定規をあてたときに切り先が見えなくなります。

4 折りスジに沿って折る

折る部分があるパーツは、山折り谷折りに気をつけてすべて折っておきます。

おもて / 山折り   おもて / 谷折り

POINT しっかり半分に折って戻します。紙が弱くなるので反対側には折らないように！

5 はり合わせる

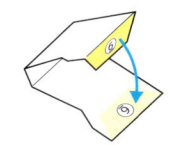

のりしろの同じ番号同士をはり合わせます。きれいにつくるためには、ていねいにはり合わせることが大切です。

つくり方の濃い黄色部分にボンドをぬり、薄い黄色部分にはります。型紙は黄色になっていませんので、番号などで場所の確認を。

POINT

 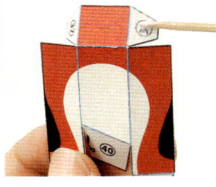

ボンドは不要な紙にあらかじめ少し出しておき、つまようじですくって使うと便利。つまようじを寝かせ、パンにバターをぬるようにうすくぬりましょう。

POINT

 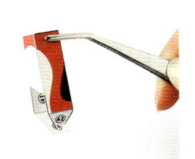

ボンドではり合わせたあとは、はがれないように指でしっかりおさえ、しばらくそのまま待ちます。指でおさえにくいところは、ピンセットを使っておさえます。

つくり方のコツがわかったら、それぞれの作品のつくり方ページへ！

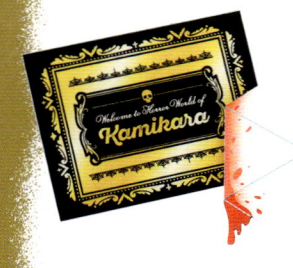 

カミカラホラーへの招待状

難易度 ★ 型紙 p.33

くわしくは P.14,15 のカミカラのつくり方を見てね！

カミカラホラーへの招待状のパーツ

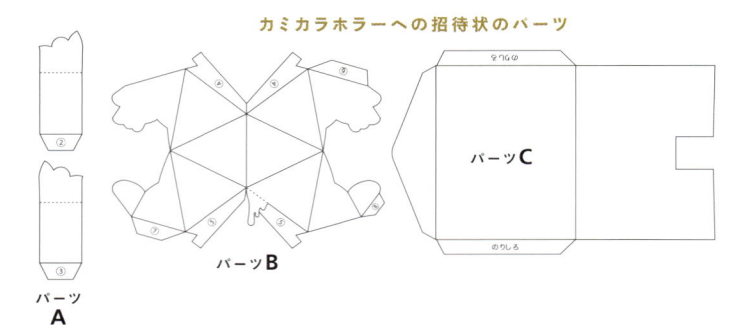

パーツ A

パーツ B

パーツ C

必要な道具

カッター	定規	つまようじ
ハサミ	速乾性の	ピンセット
千枚通し	木工用ボンド	輪ゴム (No.16 × 2)

準備

・折り線に折りスジをつける
・すべてのパーツを切り抜く
・山折り、谷折りの指示どおりに折り曲げる

---

1 キャンディ（パーツA）をパーツBにはる

POINT 重ねたときにのりしろがぴったりそろうようにキッチリはります

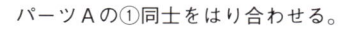

この面にボンドをぬる。

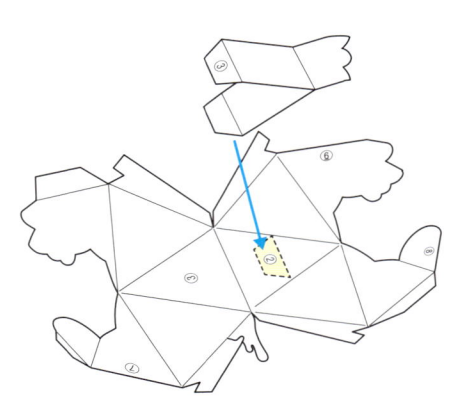

パーツAの①同士をはり合わせる。　　　　パーツAの②をパーツBの②にはる。

この面にボンドをぬり、パーツBをパタンと折り曲げてなりゆきではる。

POINT はったところをぴったりつぶして指でしっかりおさえます

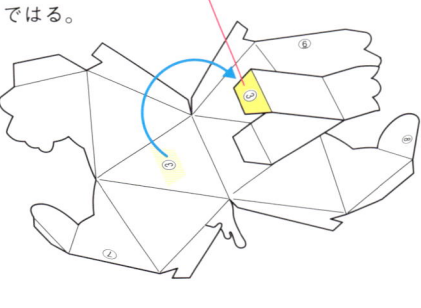 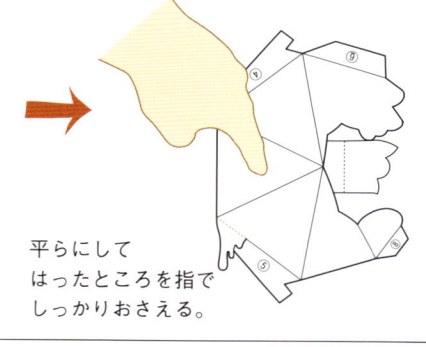

③をはる。

平らにしてはったところを指でしっかりおさえる。

上図のようになっているか確認する。

---

2 パーツ B で手をつくる

POINT ⑤以外のところにボンドがつかないように注意！

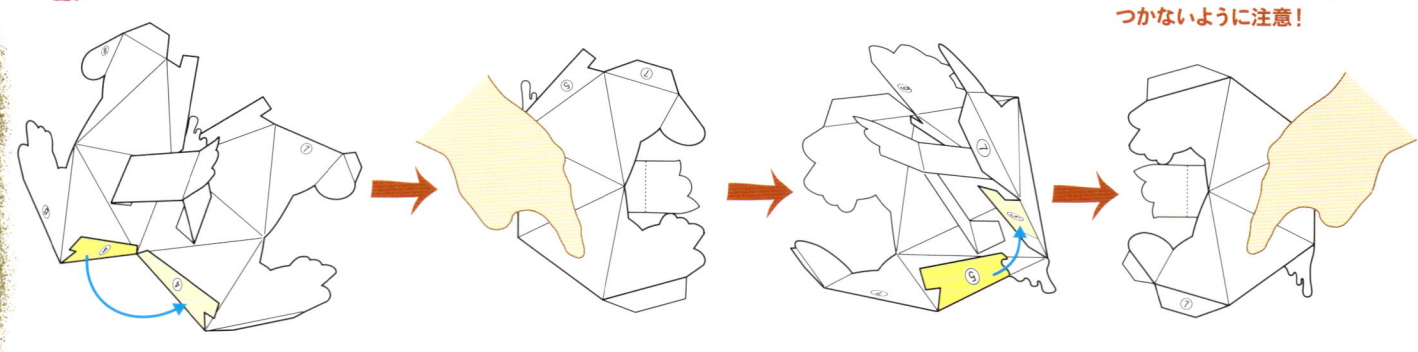

④をはる。

平らにしてはったところを指でしっかりおさえる。

⑤をはる。

平らにしてはったところを指でしっかりおさえる。

手をつぶして封筒に入れる。写真のように封筒の上下を軽くおし、封筒の口をふくらませると入れやすい。手が見えないように奥まで入れる。

驚かせたい相手に封筒を渡して、キャンディをつかんで引っ張り出してもらう。手が出てきてつかまれる！

封筒を片手ではさむように持てない場合は、はしのほうを持つと引っ張り出しやすい。

3 輪ゴムをセットする

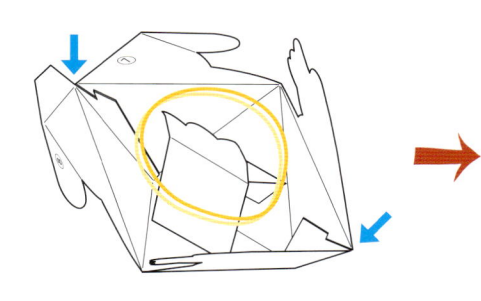

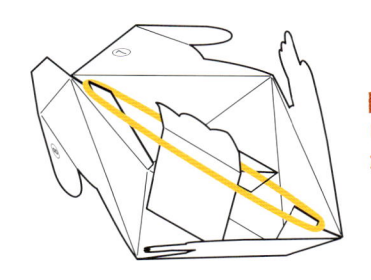

POINT
ピンセットを使うと輪ゴムをかけやすくなります

矢印の位置に輪ゴムを2本ひっかける。

図のように2本同時にかける。

4 仕上げる

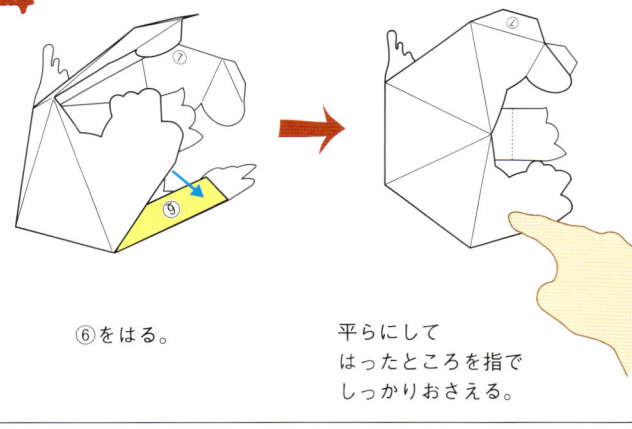

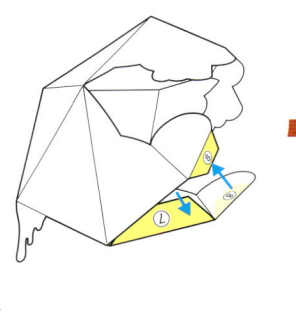

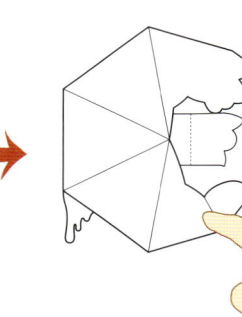

⑥をはる。

平らにしてはったところを指でしっかりおさえる。

⑦と⑧をはる。

平らにしてはったところを指でしっかりおさえる。

5 パーツCで封筒をつくる

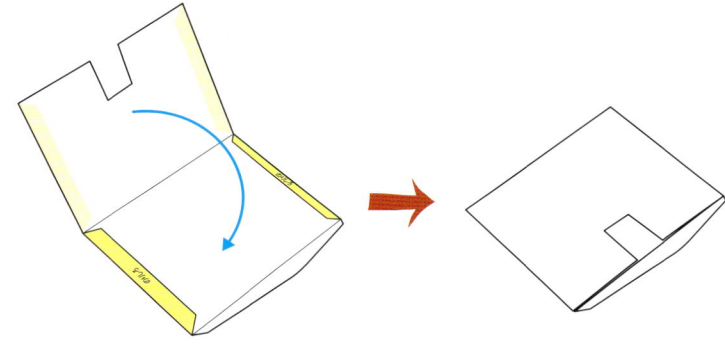

パーツCの2ヵ所ののりしろに同時にボンドをぬり、パタンと閉じてはり合わせる。

POINT ボンドがはみださないように注意して！

ジャック・オー・ランタン
おばけ爆弾 つくり方は共通です。

難易度 ★★ 型紙 ジャック・オー・ランタン p.35,37
おばけ爆弾 p.53,55,57

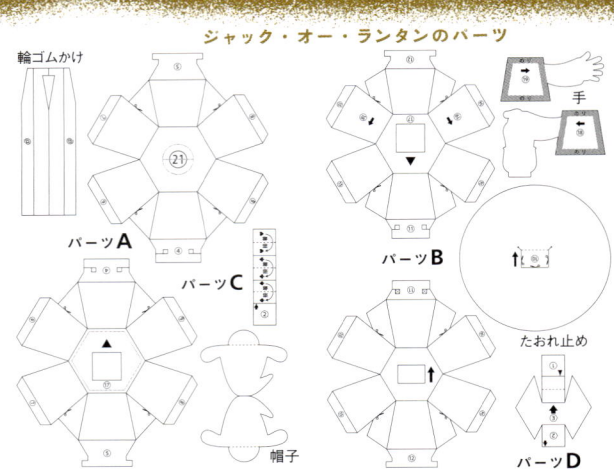

ジャック・オー・ランタンのパーツ

パーツA パーツC パーツB 手

輪ゴムかけ たおれ止め 帽子 パーツD

必要な道具

カッター　定規　つまようじ
ハサミ　速乾性の木工　ピンセット
千枚通し　用ボンド　輪ゴム（No.16×2）

準備

・折り線に折りスジをつける
・すべてのパーツを切り抜く
・山折り、谷折りの指示どおりに折り曲げる

くわしくは P.14,15 の
カミカラのつくり方を
見てね！

つくり方

1 パーツA〜Dで、頭とからだをつくる

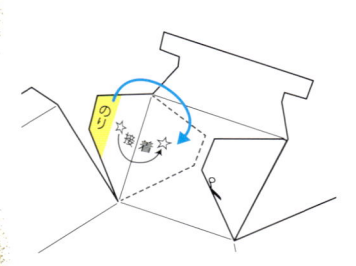

パーツA、Bのそれぞれの「のり」にボンドをぬり、☆同士をはり合わせる（16ヵ所）。

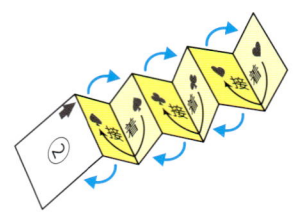

パーツCは、型紙のグレーの面にボンドをぬり、同じ記号の面をはり合わせる。

図のような形になる。

反対側から見た図

パーツDの①同士をはる。

パーツCの②をパーツDの②にはり、ストッパーが完成。

ストッパーを横から見た図

パーツAの③にストッパーをはる。

POINT 動き方に影響するので向きに注意して正確に

パーツAの④同士をはる。

矢印のところに輪ゴムをかける。

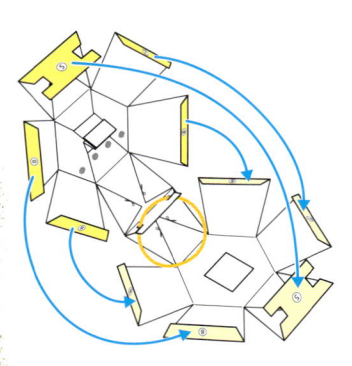

パーツAの⑤〜⑨まで、のりしろ同士をはり合わせて、頭をつくる。

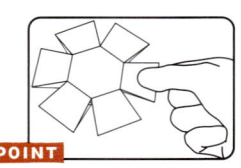

POINT 1ヵ所はるたびに、指でぴったりつぶしておさえます

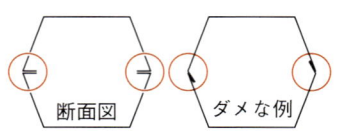

断面図　ダメな例

のりしろ部分が内側にはりつかないよう注意。

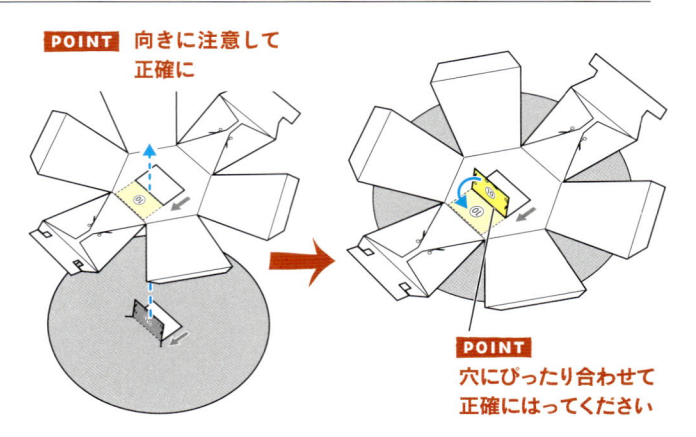

POINT 向きに注意して正確に

パーツBの穴に、たおれ止めの⑩を入れる。

POINT 穴にぴったり合わせて正確にはってください

たおれ止めの⑩を折ってパーツBにはる。

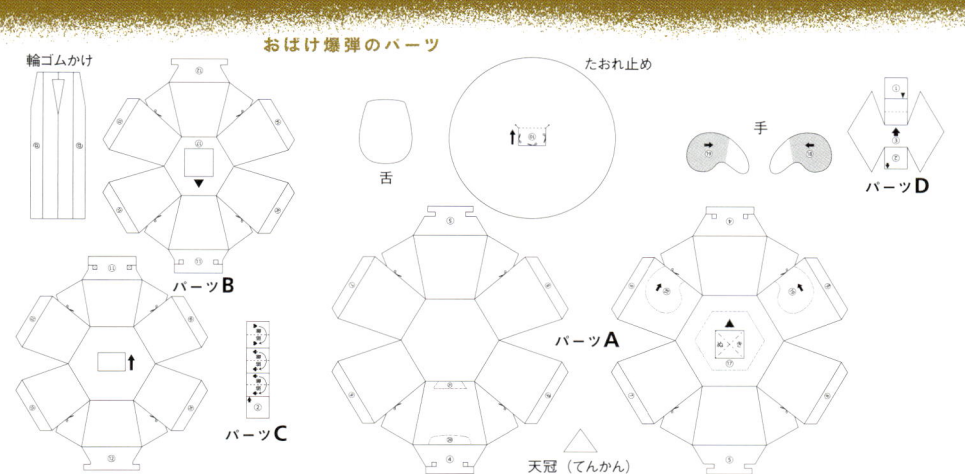

おばけ爆弾のパーツ

輪ゴムかけ

パーツB

パーツC

たおれ止め

舌

パーツA

天冠（てんかん）

手

パーツD

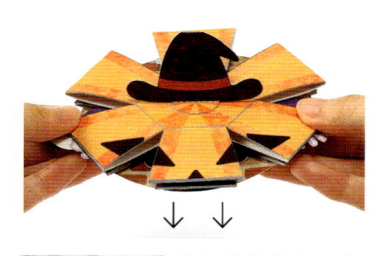

遊び方 はしの方を持って、かたいテーブルなどに水平に落とすとジャンプして変形！

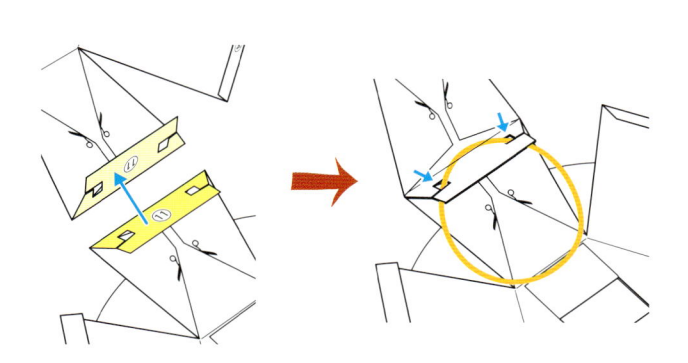

パーツBの⑪同士をはる。

矢印のところに輪ゴムをかける。

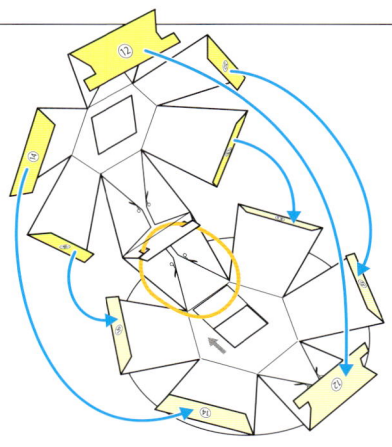

パーツBの⑪〜⑯まで、のりしろ同士をはり合わせて、からだをつくる。

2 輪ゴムを頭とからだにセットする

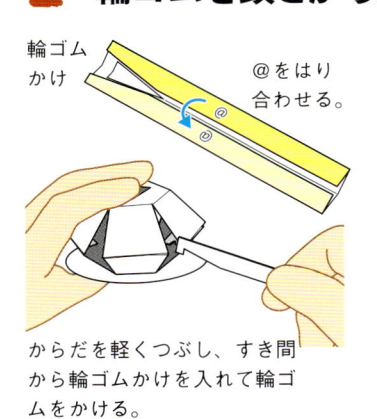

輪ゴムかけ

@をはり合わせる。

図のような形になる。

からだを軽くつぶし、すき間から輪ゴムかけを入れて輪ゴムをかける。

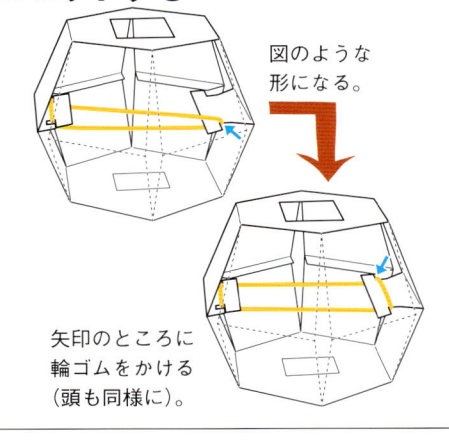

矢印のところに輪ゴムをかける（頭も同様に）。

3 頭とからだをくっつける

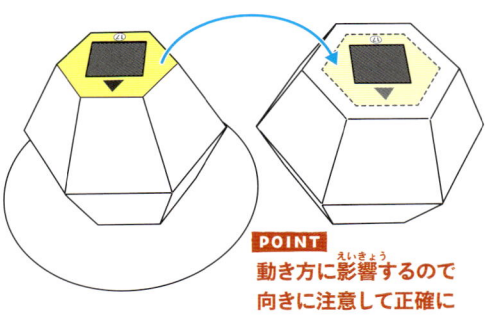

POINT 動き方に影響するので向きに注意して正確に

頭とからだの⑰同士をはる。

4 装飾パーツをつける

この部分をおすと元に戻る（ストッパーが外れる）。

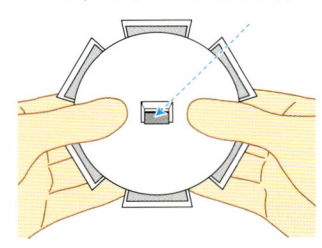

真ん中にはられていることを確認してから、全体をつぶし、ストッパーがかかることを確認する。

ジャック・オー・ランタン

帽子

手

手

おばけ爆弾

天冠

舌

それぞれのパーツののりしろにボンドをつけ、本体にはる。

セットの仕方

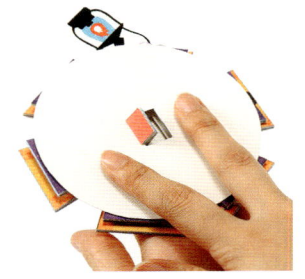

ひっくり返して指をチョキにし、底の穴にさわらないように一気におすと、ストッパーがかかる。

死神

難易度 ★★　型紙 p.39

死神のパーツ

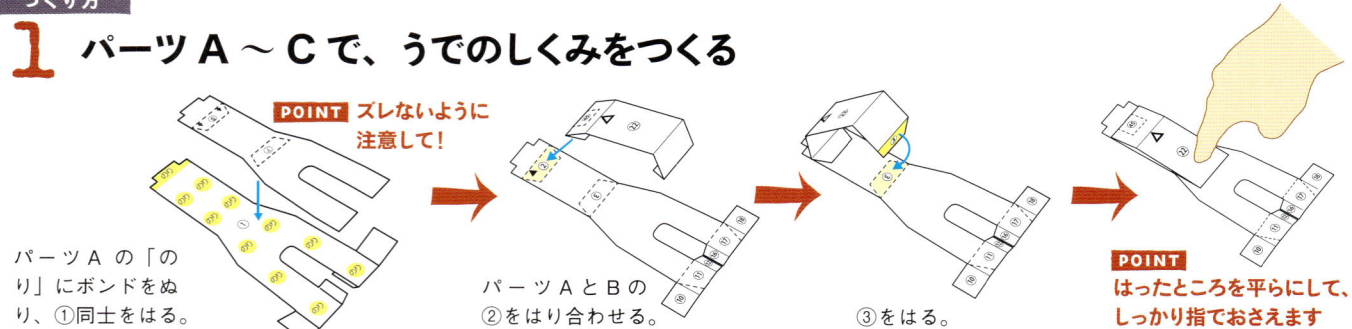

パーツF　パーツA　パーツB　パーツH　パーツG

必要な道具

カッター	定規	つまようじ
ハサミ	速乾性の	ピンセット
千枚通し	木工用ボンド	輪ゴム（No.16×1）

準備

・折り線に折りスジをつける
・すべてのパーツを切り抜く
・山折り、谷折りの指示どおりに折り曲げる

くわしくは P.14,15 の
カミカラのつくり方を
見てね！

つくり方

1　パーツA〜Cで、うでのしくみをつくる

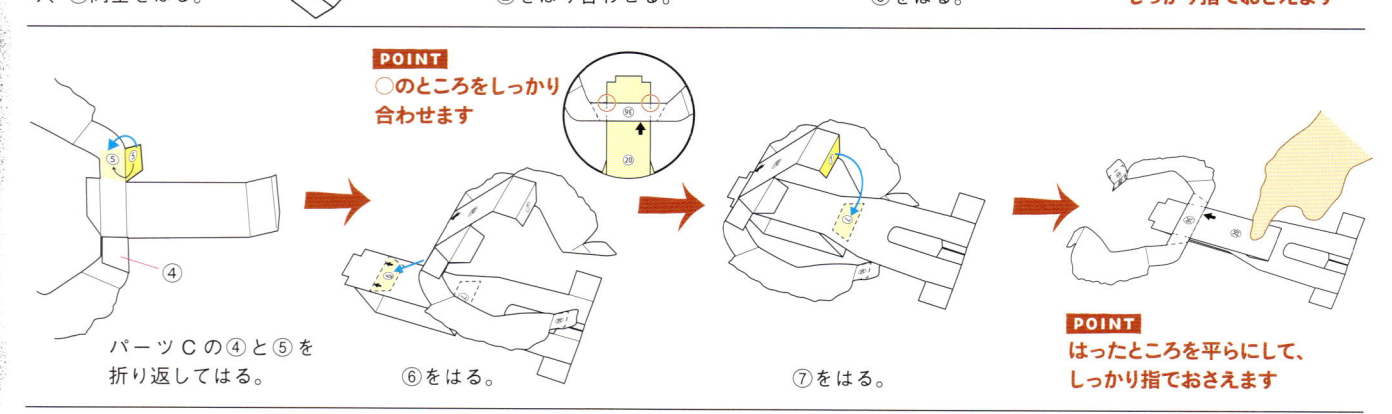

POINT ズレないように注意して！

パーツA の「のり」にボンドをぬり、①同士をはる。

パーツAとBの②をはり合わせる。

③をはる。

POINT はったところを平らにして、しっかり指でおさえます

POINT ○のところをしっかり合わせます

パーツC の④と⑤を折り返してはる。

⑥をはる。

⑦をはる。

POINT はったところを平らにして、しっかり指でおさえます

2　パーツDで、足をつくる

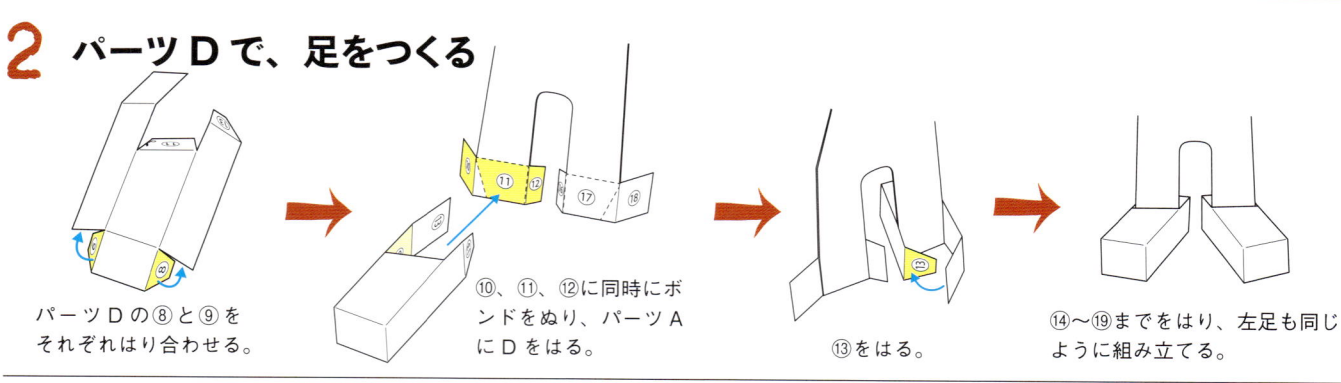

パーツD の⑧と⑨をそれぞれはり合わせる。

⑩、⑪、⑫に同時にボンドをぬり、パーツAにDをはる。

⑬をはる。

⑭〜⑲までをはり、左足も同じように組み立てる。

3　パーツEで、からだをつくる

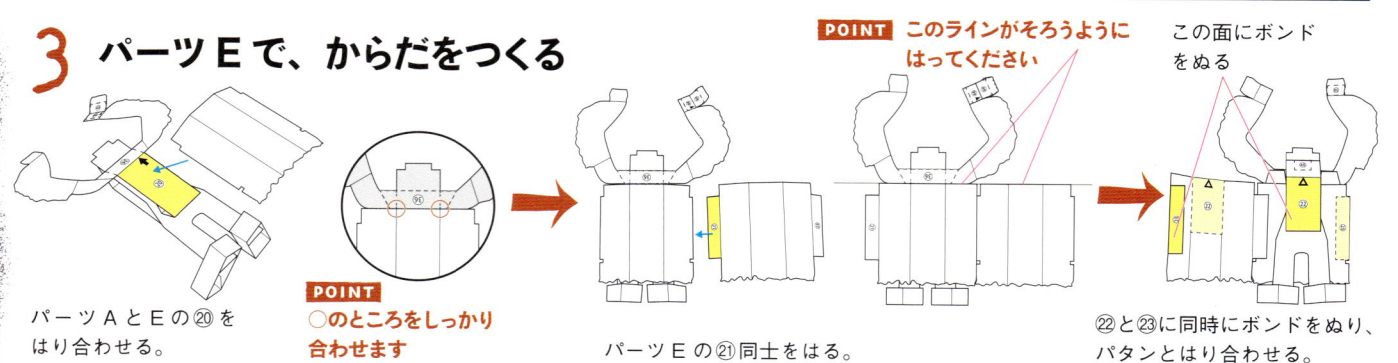

POINT このラインがそろうようにはってください

この面にボンドをぬる

パーツAとEの⑳をはり合わせる。

POINT ○のところをしっかり合わせます

パーツE の㉑同士をはる。

㉒と㉓に同時にボンドをぬり、パタンとはり合わせる。

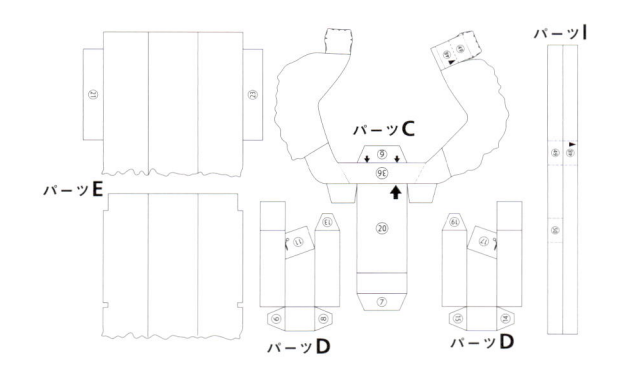

写真のように持ち、指で
おなかをおす。

カマを振りかざし、不気
味な顔が！

4 パーツFとGで、顔をつくる

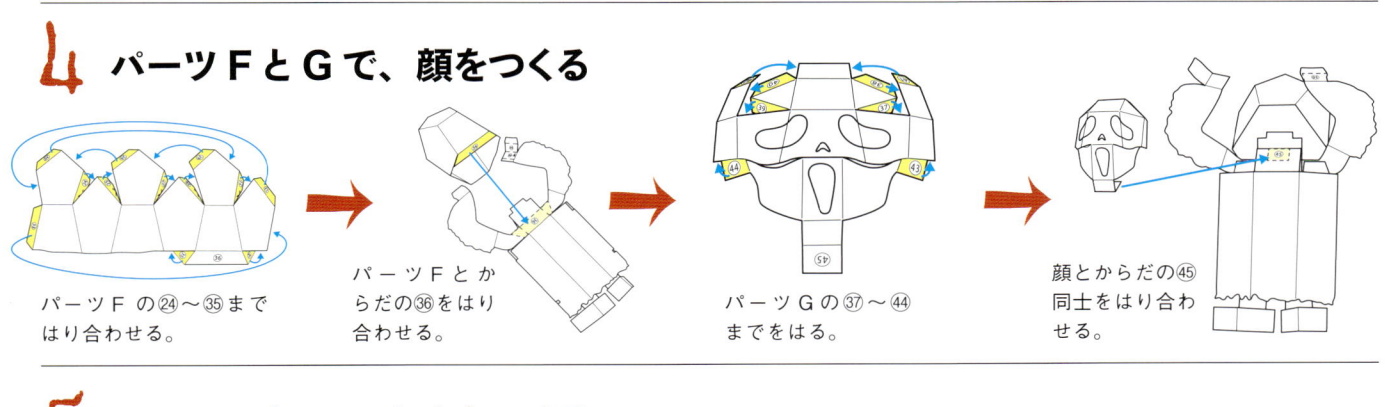

パーツFの㉔〜㉟まで
はり合わせる。

パーツFとか
らだの㊱をはり
合わせる。

パーツGの㊲〜㊹
までをはる。

顔とからだの㊺
同士をはり合わ
せる。

5 パーツHとIで、かまをつくる

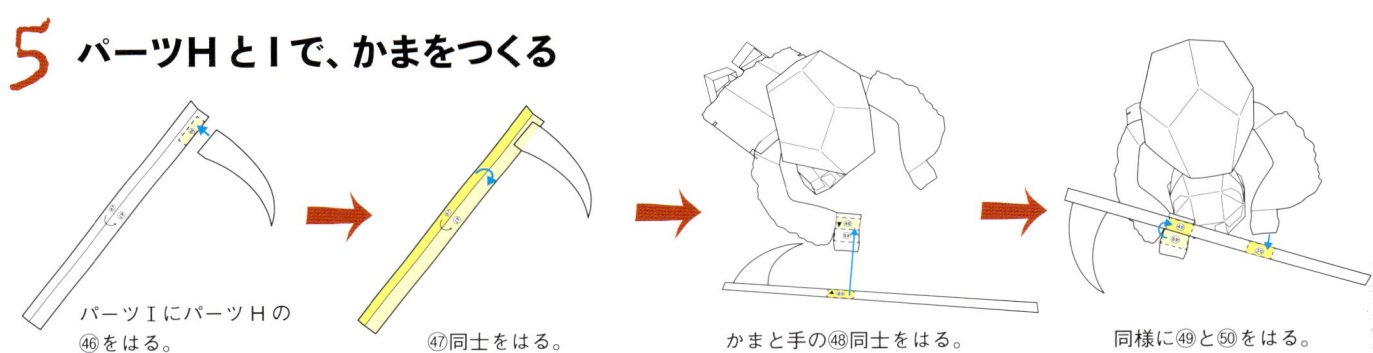

パーツIにパーツHの
㊻をはる。

㊼同士をはる。

かまと手の㊽同士をはる。

同様に㊾と㊿をはる。

6 輪ゴムをセットする

輪ゴムを本体に
かける。

3. この位置まで
持ってくる

2. 引っ張って
顔をくぐら
せる

1. 足から通す

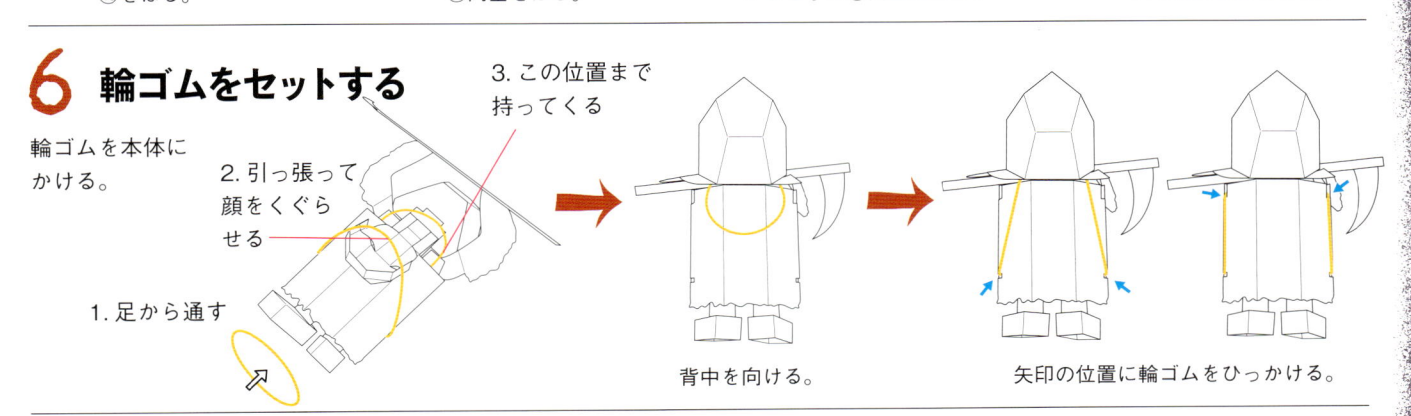

背中を向ける。

矢印の位置に輪ゴムをひっかける。

7 仕上げる

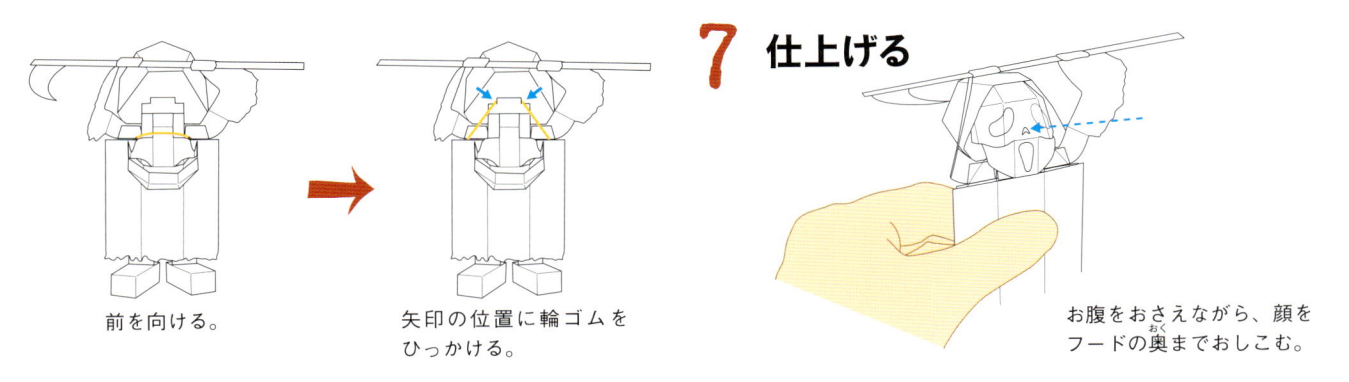

前を向ける。

矢印の位置に輪ゴムを
ひっかける。

お腹をおさえながら、顔を
フードの奥までおしこむ。

よみがえりミイラ

難易度 ★★　型紙 p.41

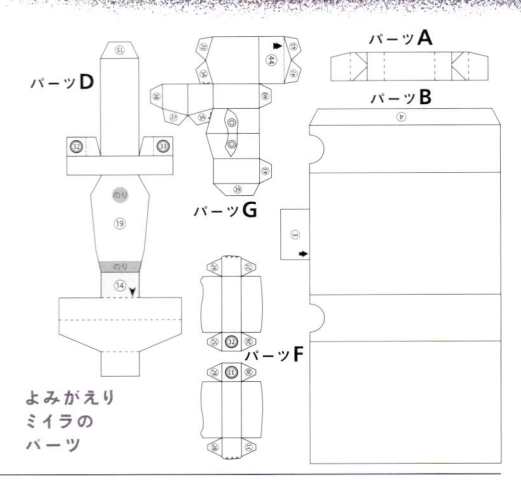

パーツ**A**
パーツ**B**
パーツ**D**
パーツ**G**
パーツ**F**

よみがえり
ミイラの
パーツ

必要な道具

カッター	定規	つまようじ
ハサミ	速乾性の	ピンセット
千枚通し	木工用ボンド	

準備

・折り線に折りスジをつける
・すべてのパーツを切り抜く
・山折り、谷折りの指示どおりに折り曲げる

くわしくは P.14,15 の
カミカラのつくり方を
見てね！

つくり方

1 パーツ**A**〜**C**で、棺（ひつぎ）をつくる

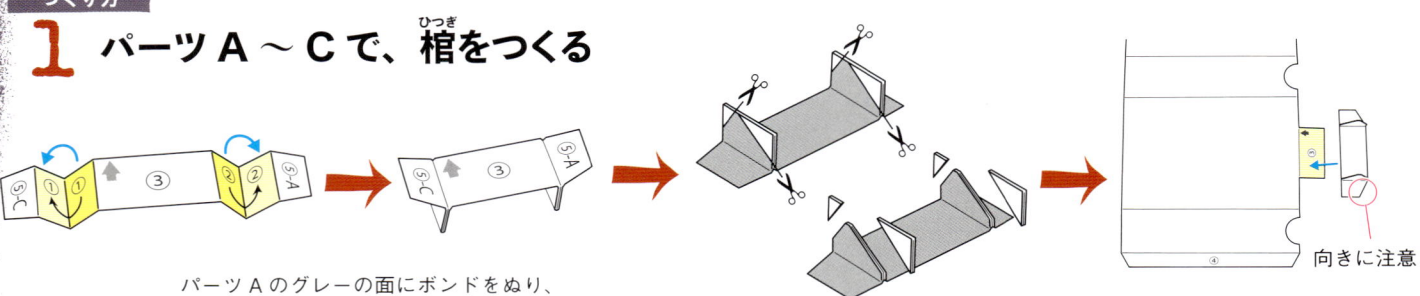

パーツ**A**のグレーの面にボンドをぬり、
①と②をそれぞれはり合わせる。

ひっくり返して図の部分を切り取る。

パーツ**B**の③にはる。

向きに注意

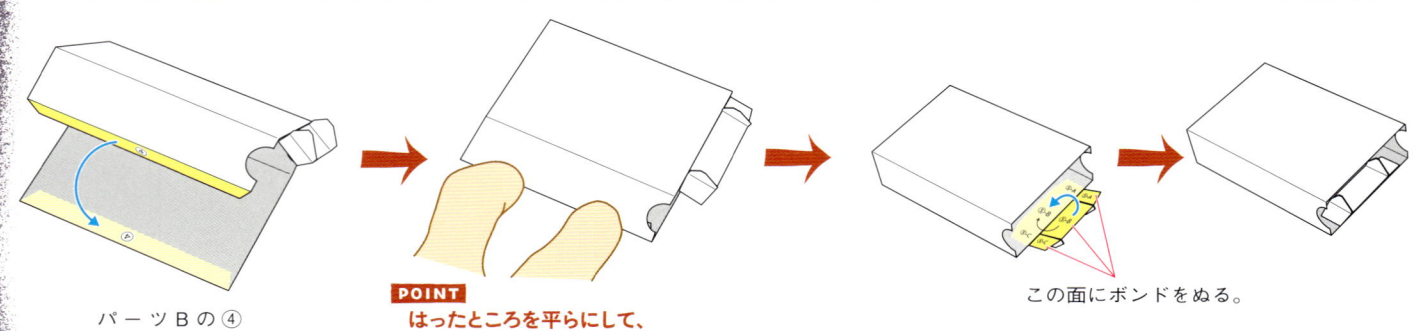

パーツ**B**の④
同士をはる。

POINT
はったところを平らにして、
指でしっかりおさえます

この面にボンドをぬる。

⑤-A、⑤-B、⑤-C に同時にボンドをぬって、はり合わせる。

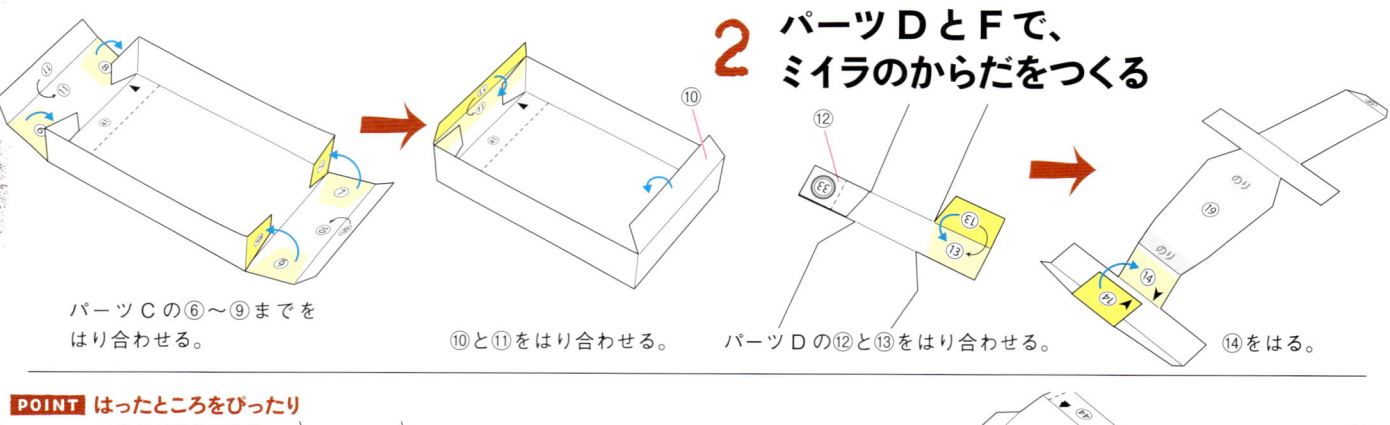

パーツ**C**の⑥〜⑨までを
はり合わせる。

⑩と⑪をはり合わせる。

2 パーツ**D**と**F**で、ミイラのからだをつくる

パーツ**D**の⑫と⑬をはり合わせる。

⑭をはる。

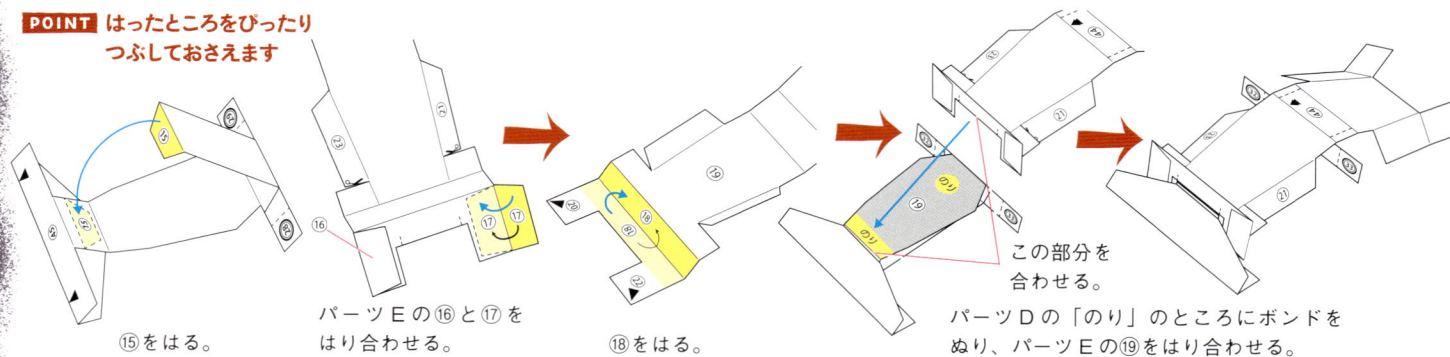

POINT はったところをぴったり
つぶしておさえます

⑮をはる。

パーツ**E**の⑯と⑰を
はり合わせる。

⑱をはる。

この部分を
合わせる。

パーツ**D**の「のり」のところにボンドを
ぬり、パーツ**E**の⑲をはり合わせる。

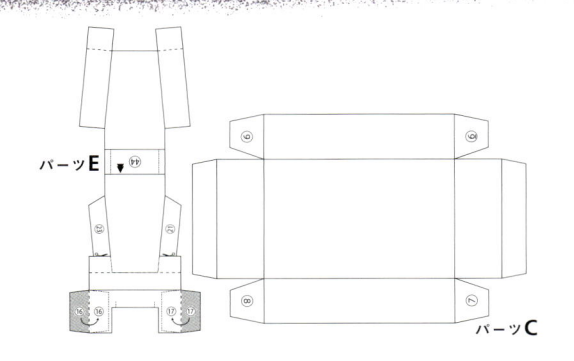

パーツE

パーツC

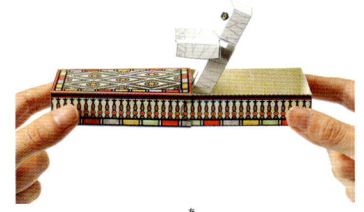

写真のように持ち、棺の横のくぼみ
から内箱を引き出す。

中のミイラが手を挙げて起き上がる！

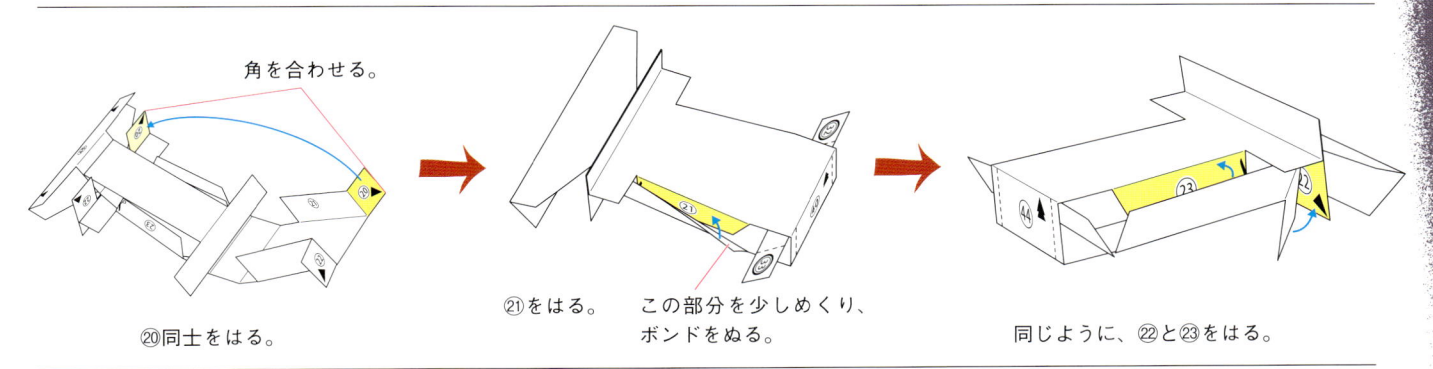

角を合わせる。

⑳同士をはる。

㉑をはる。

この部分を少しめくり、
ボンドをぬる。

同じように、㉒と㉓をはる。

3 パーツFで、うでをつくる

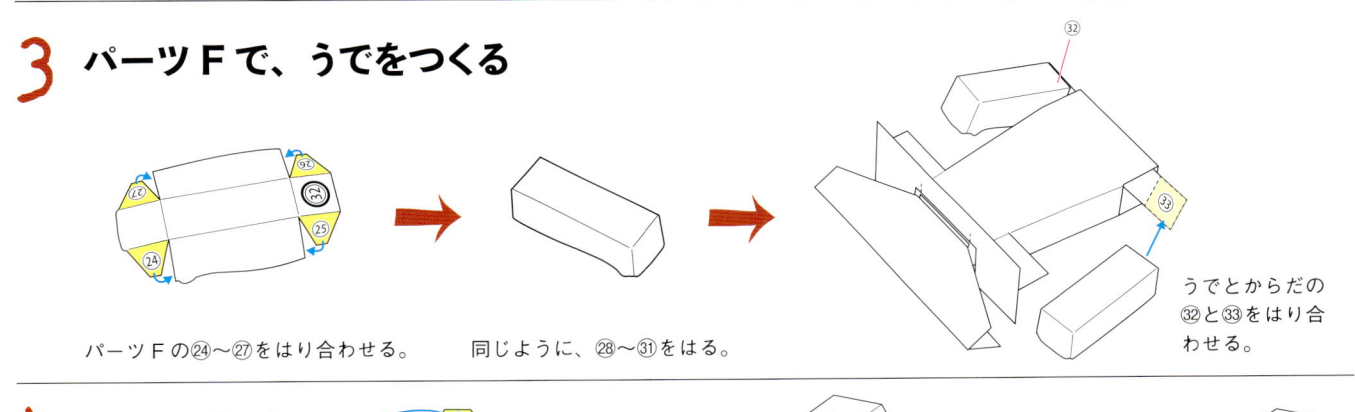

パーツFの㉔〜㉗をはり合わせる。

同じように、㉘〜㉛をはる。

うでとからだの
㉜と㉝をはり合
わせる。

4 パーツGで、頭をつくる

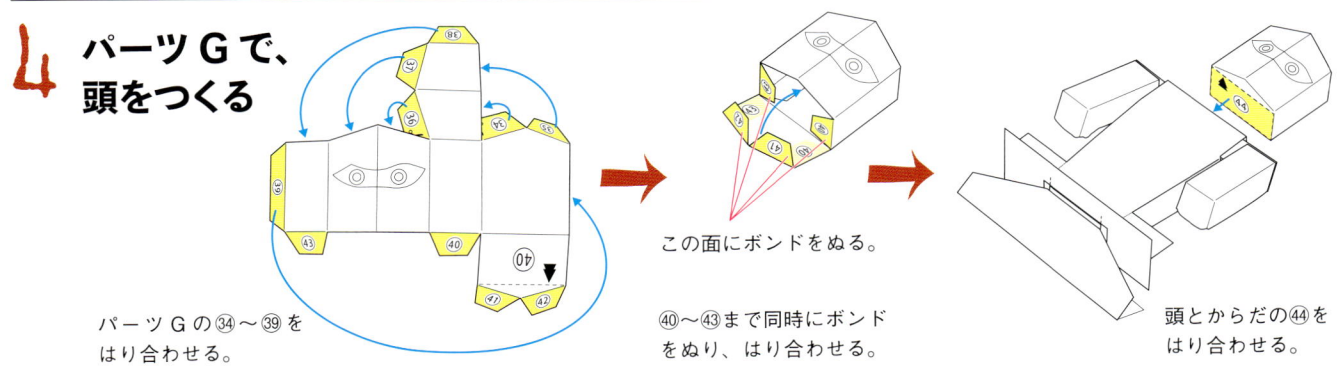

パーツGの㉞〜㊴を
はり合わせる。

この面にボンドをぬる。

㊵〜㊸まで同時にボンド
をぬり、はり合わせる。

頭とからだの㊹を
はり合わせる。

5 ミイラを棺にセットする

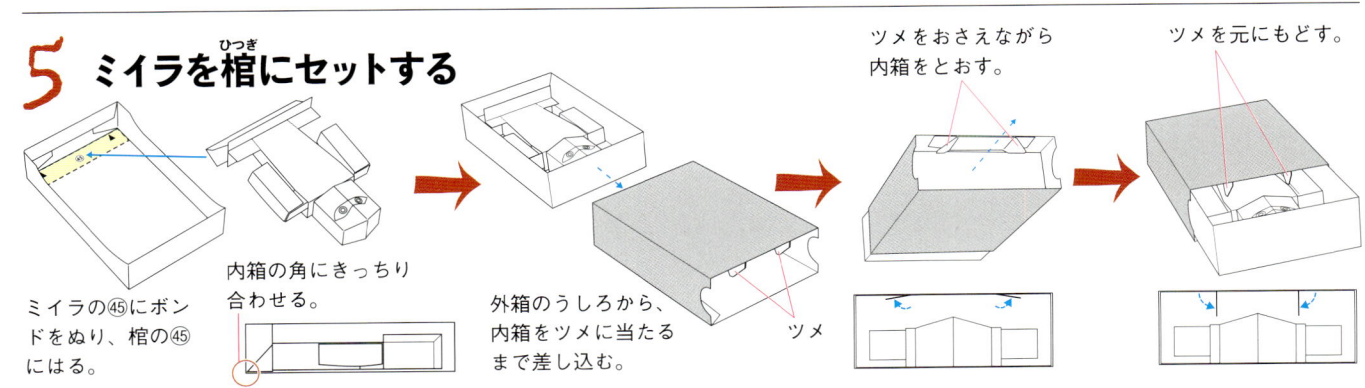

ミイラの㊺にボン
ドをぬり、棺の㊺
にはる。

内箱の角にきっちり
合わせる。

外箱のうしろから、
内箱をツメに当たる
まで差し込む。

ツメをおさえながら
内箱をとおす。

ツメ

ツメを元にもどす。

変身バンパイヤ

難易度 ★★★
型紙 p.43,45

くわしくは P.14,15 の
カミカラのつくり方を
見てね！

必要な道具

カッター　　定規　　　つまようじ
ハサミ　　　速乾性の　　ピンセット
千枚通し　　木工用ボンド　輪ゴム（No.16×2）
　　　　　　　　　　　　１０円玉（2枚）

準備

・折り線に折りスジをつける
・すべてのパーツを切り抜く
・山折り、谷折りの指示どおりに折り曲げる

変身バンパイヤのパーツ

パーツB　パーツA　パーツH
パーツB　パーツD　パーツC　パーツE

つくり方

1 パーツ A ～ D で、頭とからだをつくる

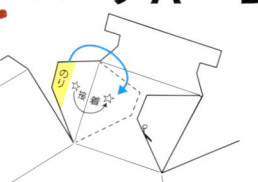
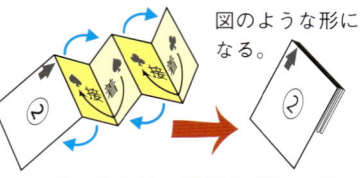
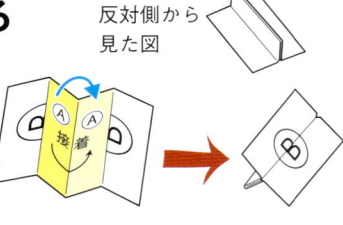
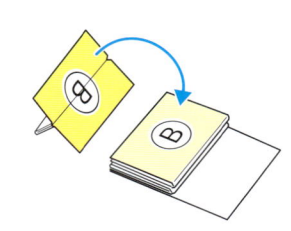

パーツ A、B のそれぞれの「の
り」にボンドをぬり、☆同士を
はり合わせる（16ヵ所）。

パーツ C は、型紙のグレーの
面にボンドをぬり、同じ記号の
面をはり合わせる。

図のような形に
なる。

反対側から
見た図

パーツ D の Ⓐ
同士をはる。

パーツ C とパーツ D
の Ⓑ 同士をはる。

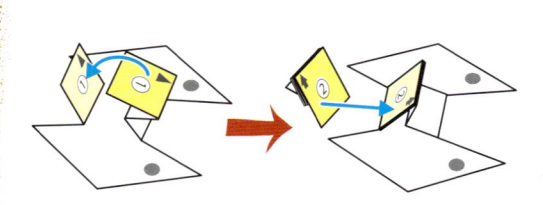
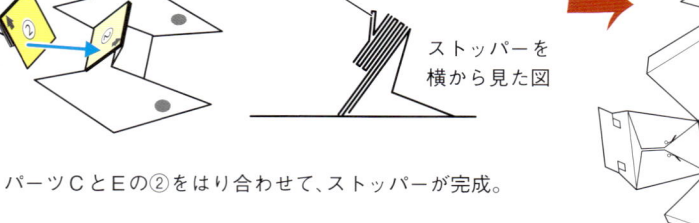
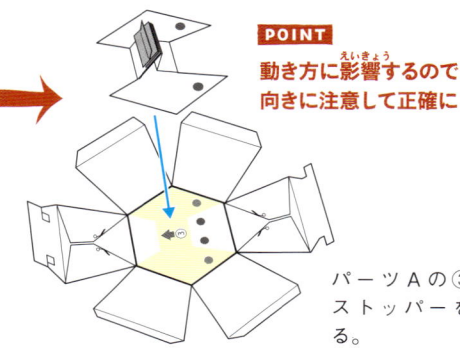

この部分は
このように曲げておく

ストッパーを
横から見た図

POINT
動き方に影響するので
向きに注意して正確に

パーツ E の ① 同士を
はる。

パーツ C と E の ② をはり合わせて、ストッパーが完成。

パーツ A の ③ に
ストッパーをは
る。

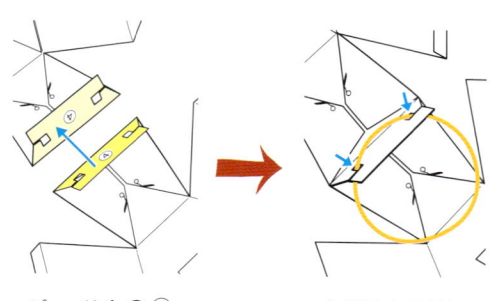
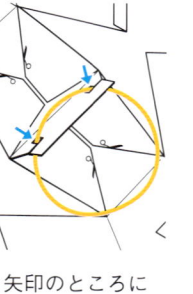
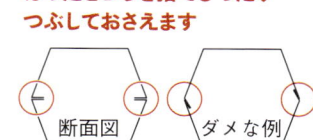

パーツ A の ④
同士をはる。

矢印のところに
輪ゴムをかける。

⑤～⑨をはり合
わせて、からだ
をつくる。

POINT
１ヵ所はるたびに、図のように
はったところを指でぴったり
つぶしておさえます

断面図　　ダメな例

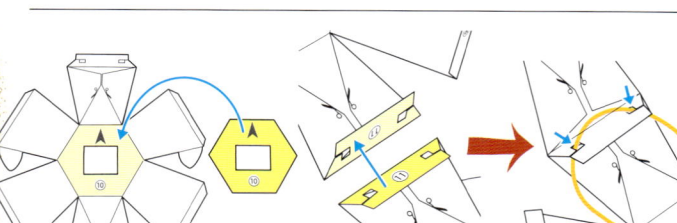
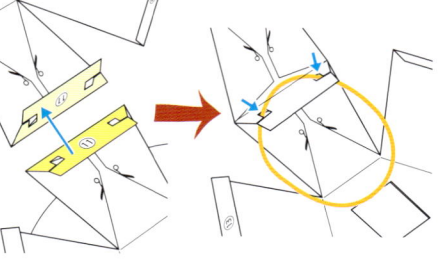
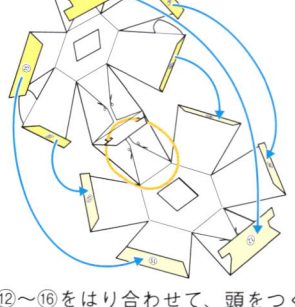
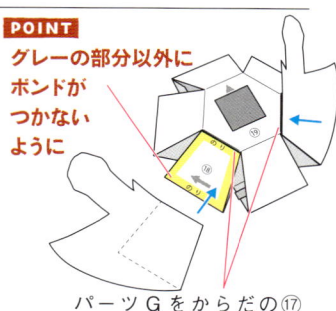

パーツ B の ⑩ にパー
ツ F の ⑩ を向きに気
をつけてはる。

パーツ B の ⑪
同士をはる。

矢印のところに
輪ゴムをかける。

⑫～⑯をはり合わせて、頭をつくる。

POINT
グレーの部分以外に
ボンドが
つかない
ように

パーツ G をからだの ⑰
と ⑱ にはる。黒い線にか
からないように注意。

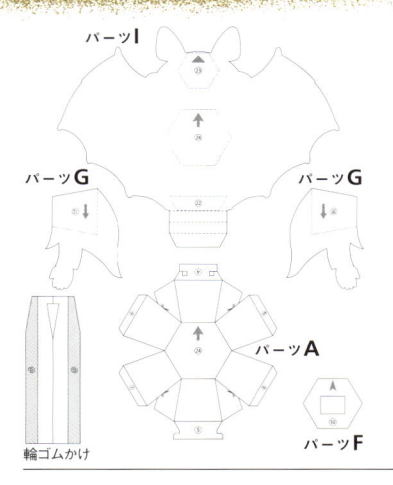

パーツI
パーツG　パーツG
パーツA
パーツF
輪ゴムかけ

コウモリの面を手前に向け、テーブルの上に立たせる。コウモリを指でちょんとおして、うしろにたおす。コウモリが一回転してバンパイヤに変身！

注意
・軽くたおしてネ。強くたおすと動かない可能性があります。
・テーブルクロスがあると、うまく動きません。
・テーブルの固さによってもうまく動かない場合があります。
・長時間つぶしたままにすると、輪ゴムがのびてしまうので、遊ばないときはバンパイヤの状態にしておいてください。

2 輪ゴムを頭とからだにセットする

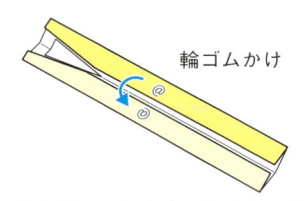

輪ゴムかけ

@をはり合わせて、輪ゴムかけをつくる。

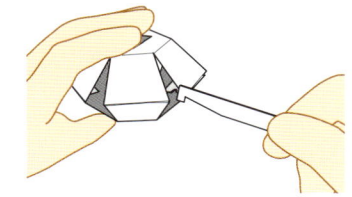

からだを軽くつぶして、すきまから輪ゴムかけを入れ、輪ゴムをかける。

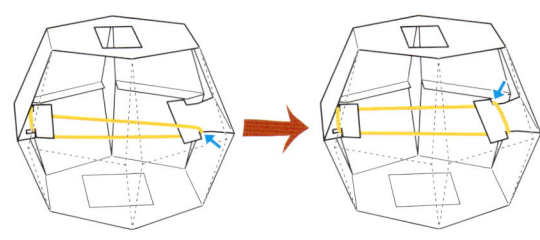

矢印のところに輪ゴムをかける（頭も同様に）。

3 頭とからだをくっつける

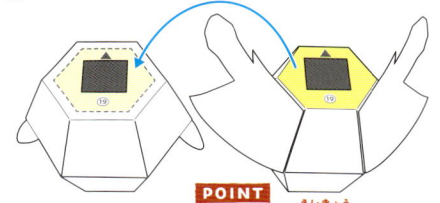

頭とからだの⑲同士をはる。

POINT 動き方に影響するので向きに注意して正確に

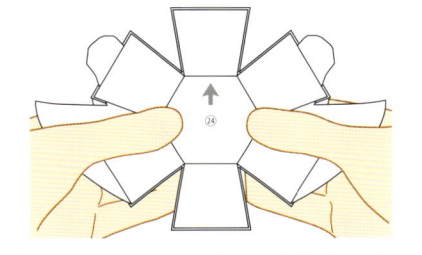

真ん中にはられていることを確認してから、全体をつぶし、ストッパーがかかることを確認する。

裏返してこの部分をおすと元に戻る（ストッパーが外れる）。

4 コウモリをつける

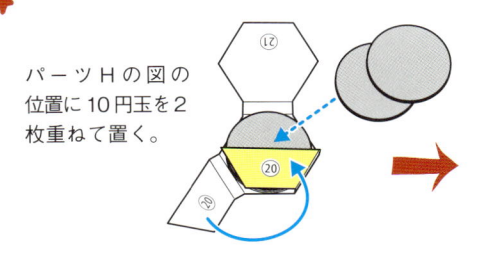

パーツHの図の位置に10円玉を2枚重ねて置く。

⑳同士をはる。

㉑同士をはる。

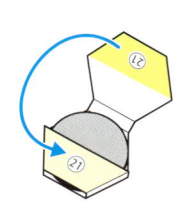
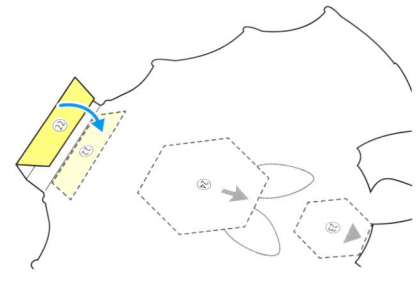

パーツIの㉒同士をはる。

POINT 動き方に影響するので正確に

パーツIの㉓と㉔にパーツHとバンパイヤ本体をはる。

手のひらかテーブルの上において、指をチョキにし、頭の穴にさわらないように指をおいて、下まで一気におしてください。指をはなすとストッパーがかかります。

バク宙キョンシー

難易度 ★★

型紙 バク宙キョンシー A：p.47

バク宙キョンシー B：p.49

キョンシー A とキョンシー B は同じつくり方です。

必要な道具

カッター	定規	つまようじ
ハサミ	速乾性の木工用	ピンセット
千枚通し	ボンド	輪ゴム（No.16×1）
		10円玉（1枚）

準備

・折り線に折りスジをつける
・すべてのパーツを切り抜く
・山折り、谷折りの指示どおりに折り曲げる

くわしくは P.14,15 の カミカラのつくり方を 見てね！

バク宙キョンシーのパーツ

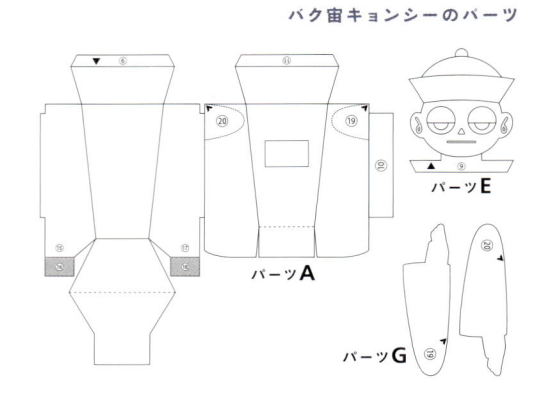

パーツ E

パーツ A

パーツ G

つくり方

1 パーツ A 〜 E で、からだと頭をつくる

パーツ A の ①を折り返し てはる。

パーツ B の② 同士をはる。

パーツ C の③ 同士をはる。

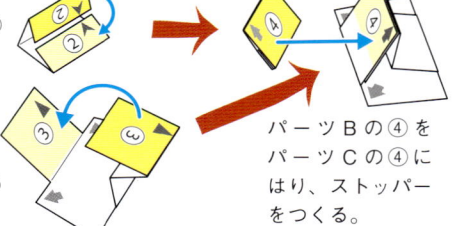

パーツ B の④ を パーツ C の④に はり、ストッパー をつくる。

ストッパーを 横から見た図

POINT 向きに注意

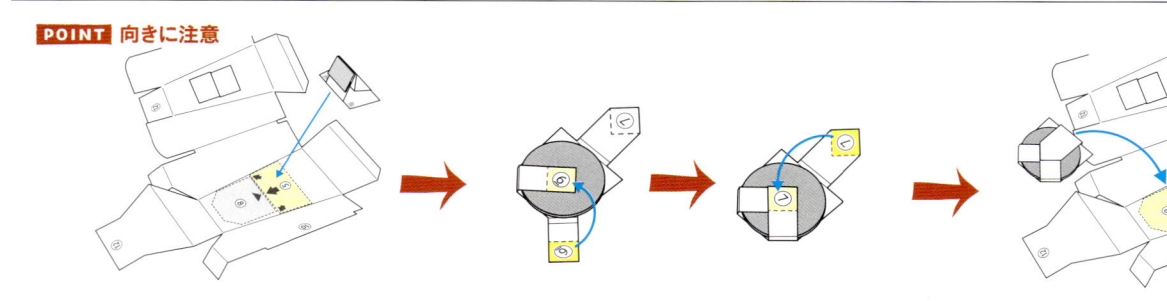

ストッパーをパーツ A の⑤にはる。

パーツ D の「おもり」に 10 円玉を 置き、⑥と⑦を折り返してはる。

パーツ D の「のり」にボンドを ぬり、パーツ A の⑧にはる。

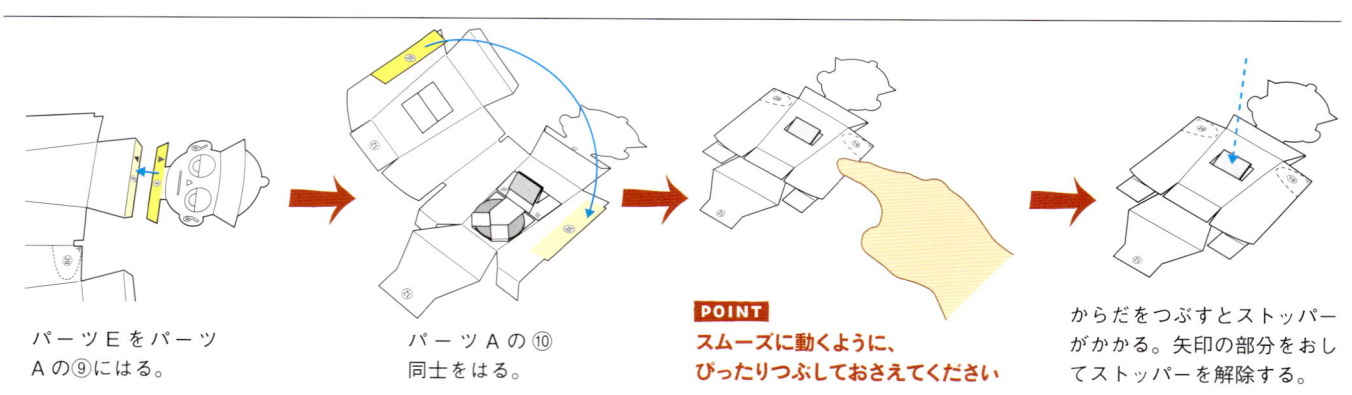

パーツ E をパーツ A の⑨にはる。

パーツ A の⑩ 同士をはる。

POINT

スムーズに動くように、 ぴったりつぶしておさえてください

からだをつぶすとストッパー がかかる。矢印の部分をおし てストッパーを解除する。

POINT ぴったりつぶして おさえてください

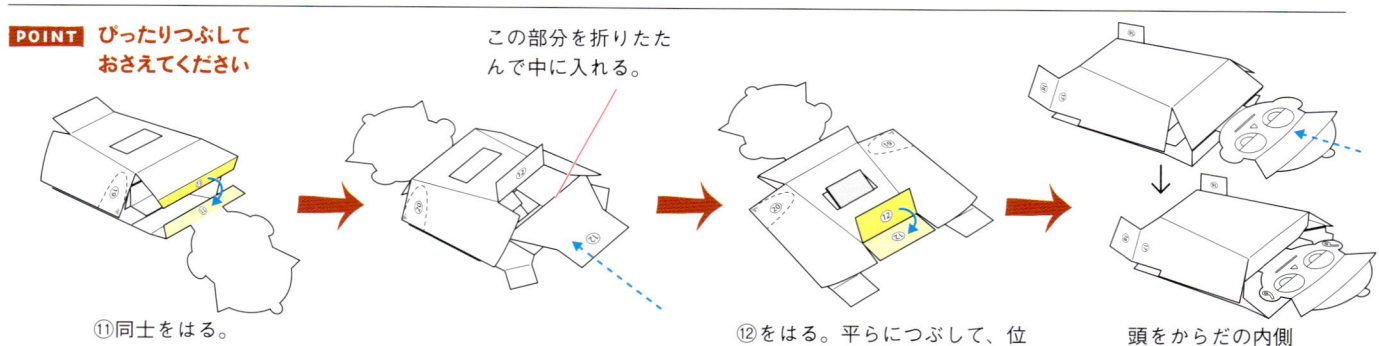

この部分を折りたた んで中に入れる。

⑪同士をはる。

⑫をはる。平らにつぶして、位 置を合わせ、おさえる。

頭をからだの内側 におしこむ。

26

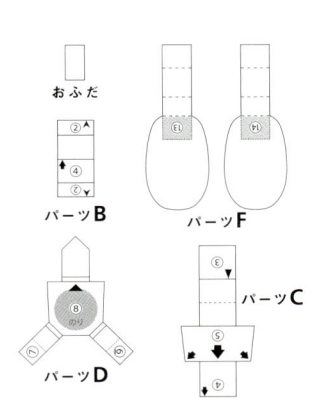

おふだ

パーツB

パーツF

パーツC

パーツD

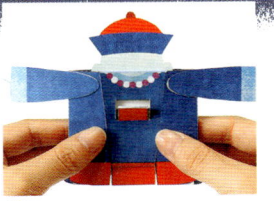

セットの仕方

背中を手前にして、両手で持つ。

穴をふさがないように親指でおすと、ストッパーがかかる。

正面に向けて、平らなところにそっと置く。

遊び方

指でちょんとつついてうしろに倒すと、宙返りして立つよ！

注意
・テーブルクロスがあると、うまく動きません。
・テーブルの固さによってもうまく動かない場合があります。

2 パーツF〜Gで、足と手をつける

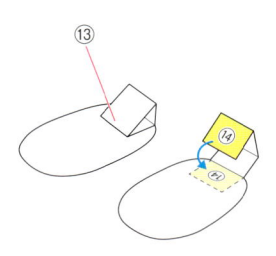

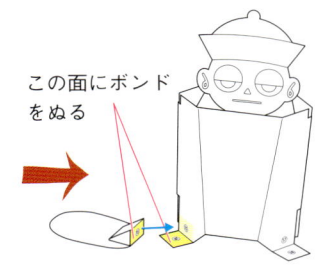

この面にボンドをぬる

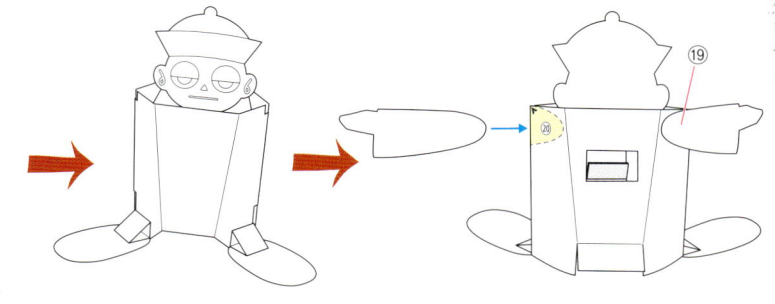

パーツFの⑬と⑭を、それぞれ同じ番号にはる。はったところはピンセットでしっかりおさえる。

⑮と⑯に同時にボンドをぬり、からだの同じ番号にはる。はったところはピンセットでしっかりおさえる。

同じように⑰と⑱をはる。

パーツGをからだの⑲と⑳にはる。

3 輪ゴムをセットする

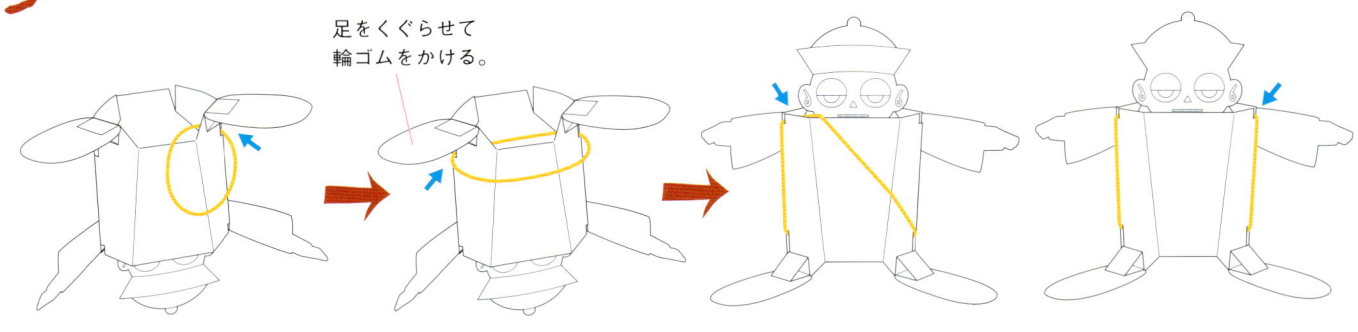

足をくぐらせて輪ゴムをかける。

本体をさかさにして、矢印の位置に輪ゴムをひっかける。

POINT 足が曲がらないように注意してください

上下を返して矢印のところに輪ゴムをかける。

4 おふだをはる

勅命急々如律令

ひたいにおふだをはる。

POINT この作品は輪ゴムの調整を必ずしてください

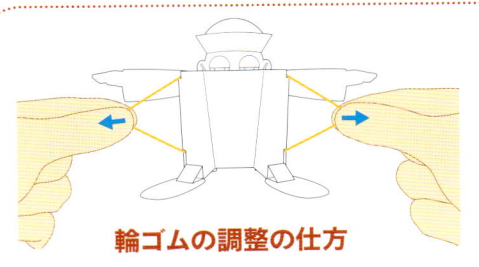

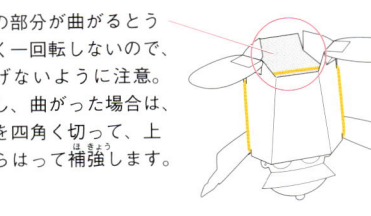

この部分が曲がるとうまく一回転しないので、曲げないように注意。もし、曲がった場合は、紙を四角く切って、上からはって補強します。

輪ゴムの調整の仕方

・図のように輪ゴムを横に引っ張り、調整します。引っ張ると飛ぶ力が強まります。遊び方を参照に動きを試しながら、少しずつ引っ張る強さを調節してください。
・完成から時間が経ち、ボンドが完全に乾くと、飛びすぎるようになる場合があります。飛びすぎる場合は一度輪ゴムを外して、4からセットし直してください。
・長時間輪ゴムをセットしたままにすると輪ゴムが伸びてしまいます。調整しても一回転しなくなったら輪ゴムを交換しましょう。

口裂け女

難易度 ★★★ 型紙 p.51

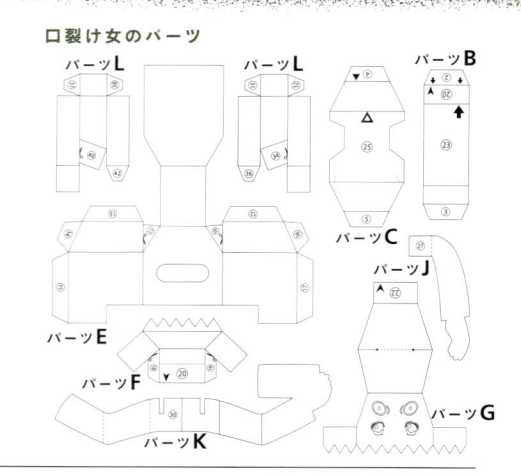

口裂け女のパーツ

パーツL　パーツL　パーツB　パーツC　パーツJ　パーツE　パーツF　パーツK　パーツG

必要な道具

カッター　定規　つまようじ
ハサミ　速乾性の　ピンセット
千枚通し　木工用ボンド　輪ゴム（No.16 × 1）

準備

・折り線に折りスジをつける
・すべてのパーツを切り抜く
・山折り、谷折りの指示どおりに折り曲げる

くわしくは P.14,15 の
カミカラのつくり方を
見てね！

つくり方

1 パーツA ～ Eで、しくみと頭をつくる

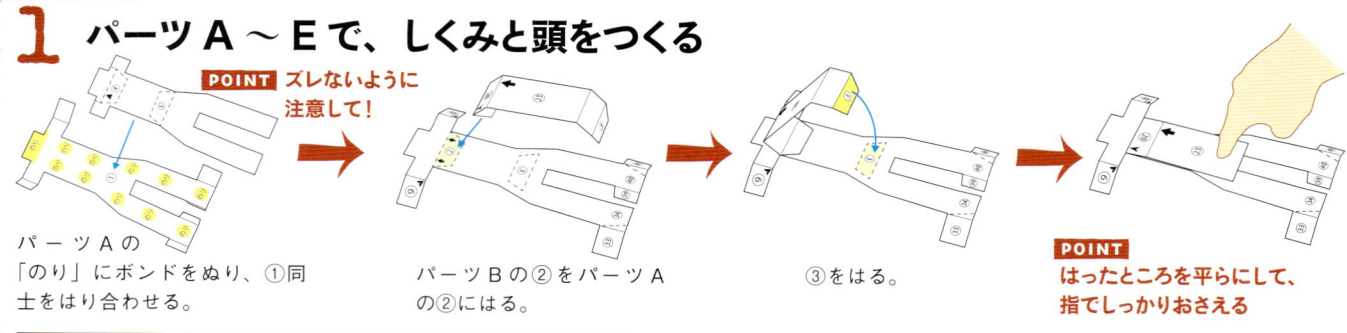

POINT ズレないように注意して！

パーツA の
「のり」にボンドをぬり、①同
士をはり合わせる。

パーツB の②をパーツA
の②にはる。

③をはる。

POINT
はったところを平らにして、
指でしっかりおさえる

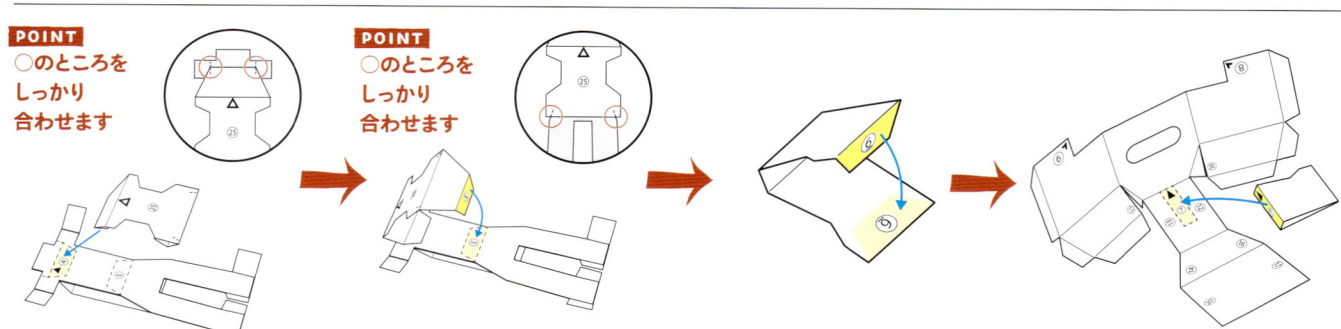

POINT
○のところを
しっかり
合わせます

POINT
○のところを
しっかり
合わせます

パーツAとCの④同士をはり合わせる。

⑤をはる。

パーツD の⑥同士をはり、パーツE の⑦にはる。

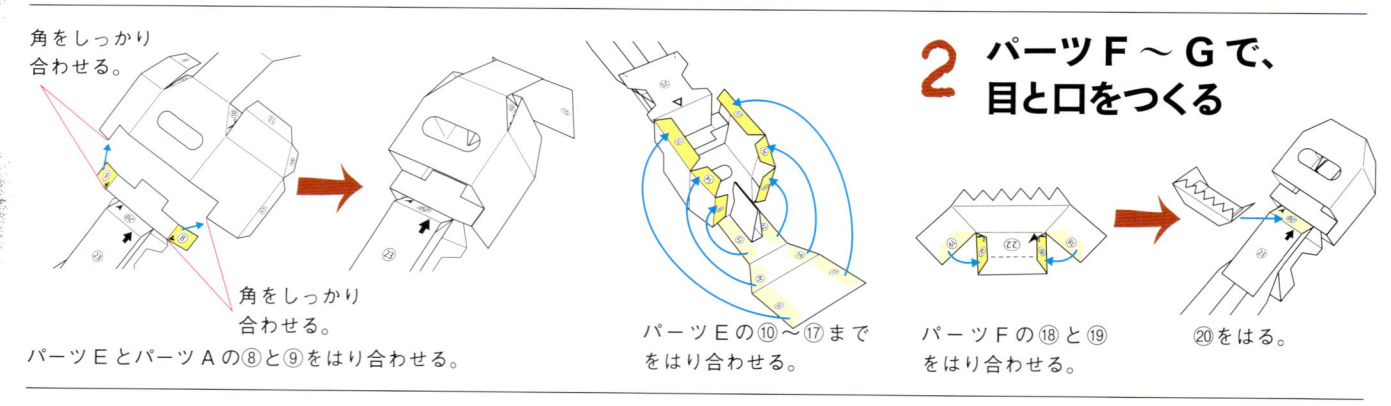

角をしっかり
合わせる。

角をしっかり
合わせる。

パーツEとパーツAの⑧と⑨をはり合わせる。

パーツE の⑩～⑰まで
をはり合わせる。

2 パーツF ～ Gで、目と口をつくる

パーツF の⑱と⑲
をはり合わせる。

⑳をはる。

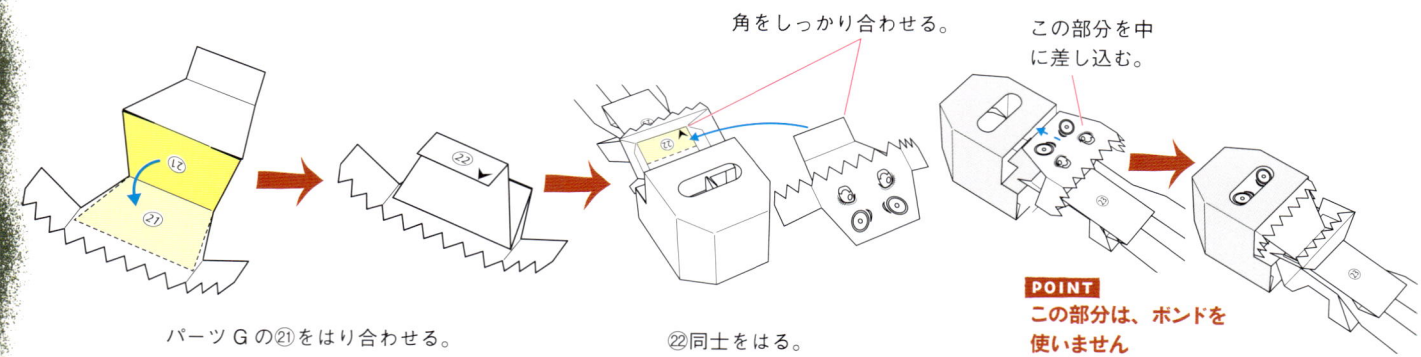

角をしっかり合わせる。

この部分を中
に差し込む。

パーツG の㉑をはり合わせる。

㉒同士をはる。

POINT
この部分は、ボンドを
使いません

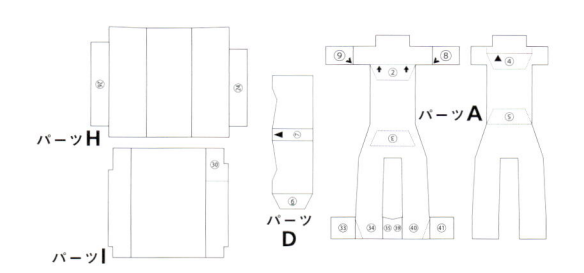

パーツH
パーツI
パーツA
パーツD

遊び方

写真のように持ち、「わたしってキレイ？」と言って指でおなかをおす。

キャー、口裂け女だ〜！

3 パーツH〜Iで、からだをつくる

角をしっかり合わせる。

パーツHの㉓をはる。

POINT
はったところを指でしっかりおさえる

パーツIとHの㉔をはり合わせる。

このラインがそろうようにはる。

この面にボンドをぬる。㉕と㉖に同時にボンドをぬり、パタンとはる。

4 パーツJ〜Kで、うでをつくる

この部分のウラ面にはる。

パーツJとからだの㉗をはり合わせる。

この面にボンドをぬる。

パーツKの㉘同士をはり合わせる。

この面にボンドをぬる。

この角を合わせる。㉙をはる。

パーツKとからだの㉚をはり合わせる。

5 パーツLで、足をつくる

パーツLの㉛と㉜をそれぞれはり合わせる。

からだの㉝、㉞、㉟に同時にボンドをぬり、パーツLをはる。

㊱をはる。

㊲〜㊷をはり、左足も同じように組み立てる。

6 輪ゴムをセットする

首のうしろに輪ゴムをかける。

矢印の位置に輪ゴムをひっかける。

ぱっくりゾンビ USA

難易度 ★★★　型紙 p.59,61,63

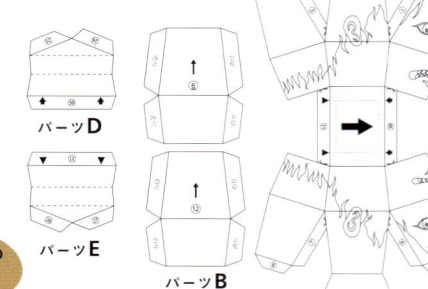

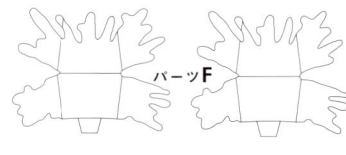

ぱっくりゾンビ USA のパーツ

パーツC

パーツF

パーツD
パーツE
パーツB
パーツA

必要な道具

カッター　　定規　　　　つまようじ
ハサミ　　　速乾性の　　ピンセット
千枚通し　　木工用ボンド

準備

・折り線に折りスジをつける
・すべてのパーツを切り抜く
・山折り、谷折りの指示どおりに折り曲げる

くわしくは P.14,15 の
カミカラのつくり方を
見てね！

つくり方

1 パーツ A 〜 B で外の顔をつくる

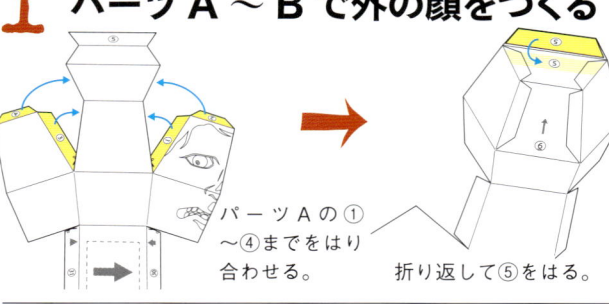

パーツ A の①〜④までをはり合わせる。

折り返して⑤をはる。

パーツ B の「のり」と書いてある面だけにボンドをぬり、パーツ A の⑥に合わせてはる。

この面だけにボンドをぬる

⑦〜⑫までも同じように組み立てる。

---

2 パーツ C 〜 F で中の顔をつくる

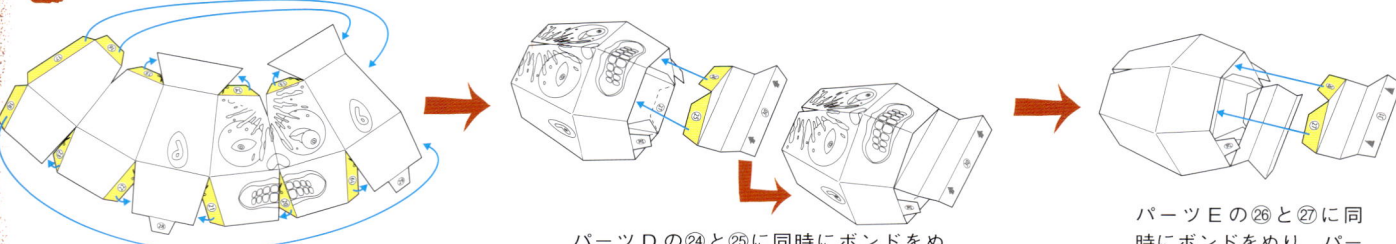

パーツ C の⑬〜㉓までをはる。

パーツ D の㉔と㉕に同時にボンドをぬり、パーツ C にはる。

パーツ E の㉖と㉗に同時にボンドをぬり、パーツ C にはる。

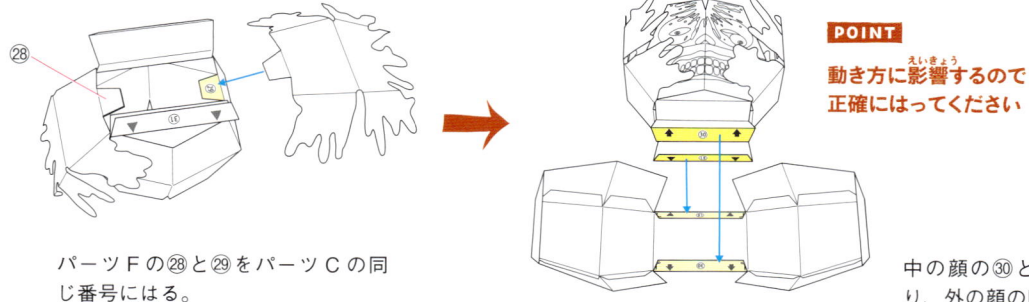

パーツ F の㉘と㉙をパーツ C の同じ番号にはる。

POINT
動き方に影響するので
正確にはってください

中の顔の㉚と㉛にボンドをぬり、外の顔の同じ番号にはる。

---

3 パーツ G 〜 H でからだをつくる

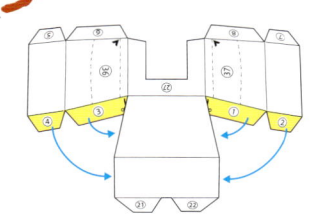

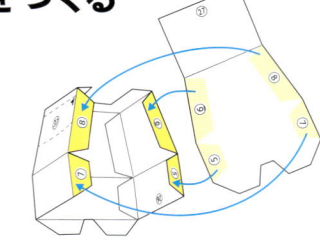

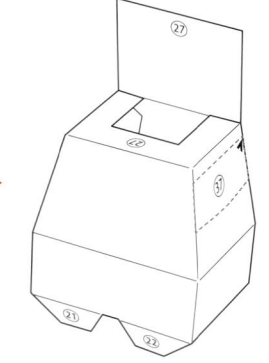

パーツ G の①〜④までを、それぞれ同じ番号にはる。

パーツ G の⑤〜⑧までをパーツ H の同じ番号にはる。

POINT
㉗はまだ
はらないで
ください。

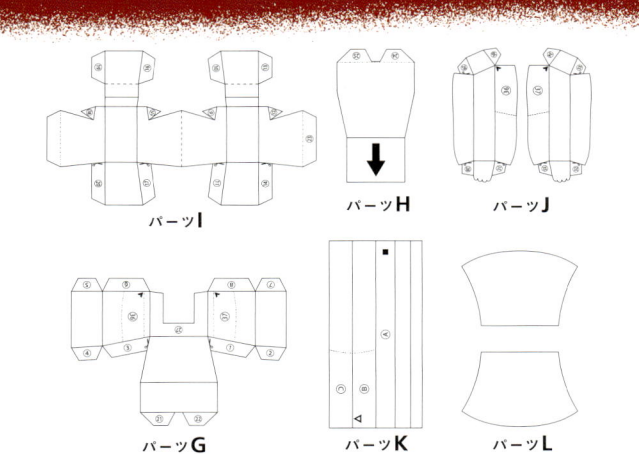

パーツ**I**

パーツ**H**

パーツ**J**

パーツ**G**

パーツ**K**

パーツ**L**

両手で左右の顔を中心に戻すようにする。

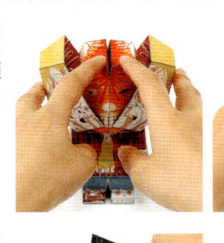

ぴったり合わせる。

遊び方

オノを頭の割れ目に差し込む

ゾンビの顔が真っ二つ!

4 パーツＩで足をつくる

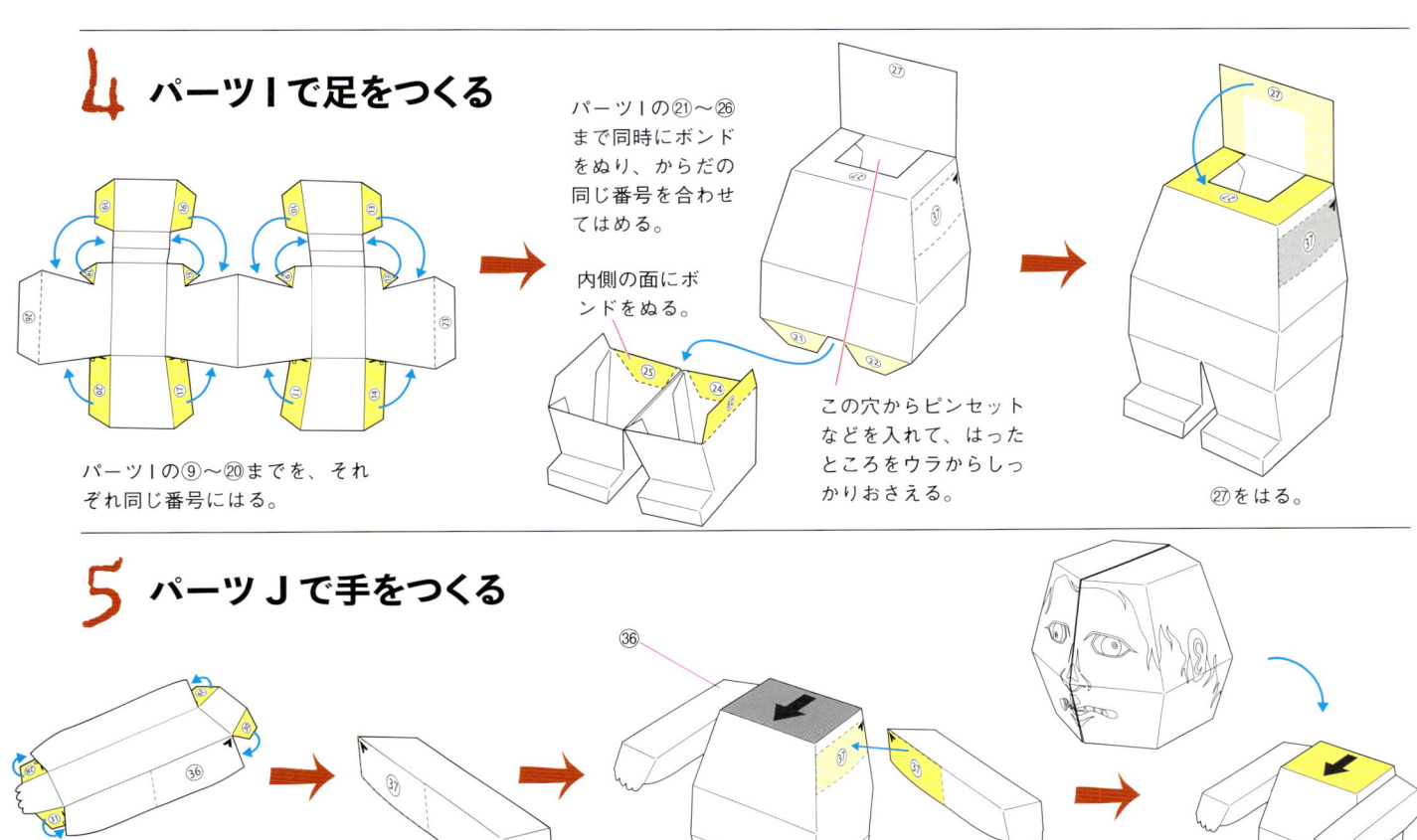

パーツＩの⑨〜⑳までを、それぞれ同じ番号にはる。

パーツＩの㉑〜㉖まで同時にボンドをぬり、からだの同じ番号を合わせてはめる。

内側の面にボンドをぬる。

この穴からピンセットなどを入れて、はったところをウラからしっかりおさえる。

㉗をはる。

5 パーツＪで手をつくる

パーツＪの㉘〜㉛までを、それぞれ同じ番号にはる。

同じように㉜〜㉟も組み立てる。

パーツＪの㊱にボンドをぬり、からだの同じ番号にはる。㊲も同じようにはる。

からだの矢印部分にボンドをぬり、矢印の方向に合わせて頭をはる。

6 パーツＫ〜Ｌでオノをつくる

パーツＫのこの部分を折り返していく。

Ⓐ同士をはる。

パーツＫのⒷにボンドをぬり、パーツＬのⒷにはる。

グレーの部分にボンドをぬる

パーツＫのⒸとオノのグレー部分にボンドをぬり、パーツＬのⒸを合わせるようにしてはる。

こわい夢から
目覚めましたか？
しっかり作って、
カミカラホラーの世界を
楽しんでください

著者 中村開己 （なかむら・はるき）

ペーパークラフト作家。1967年、富山県生まれ。
27歳でペーパークラフトに目覚め、2000年頃から本格的に取り組む。
2003年、アートマーケットに出展の際に、人にウケるという楽しさを知り、作風が変わる。
2008年、勤めていた会社を辞め、ペーパークラフト作家として独立。
以後、「一度見たら一生忘れられない作品作り」をモットーに活動している。
主な著書に『紙のからくりカミカラで遊ぼ！』『大人のペーパークラフト』（日本文芸社）など。
著書は、韓国、台湾、中国、フランス、アメリカなどで翻訳され、
中国でワークショップを開催するなど国内外で注目を集めている。

ブックデザイン：阿部美樹子
型紙イラスト：合同会社 PAN DESIGN
写真：天野憲仁（日本文芸社）
スタイリング：片野坂圭子
編集：板谷 智

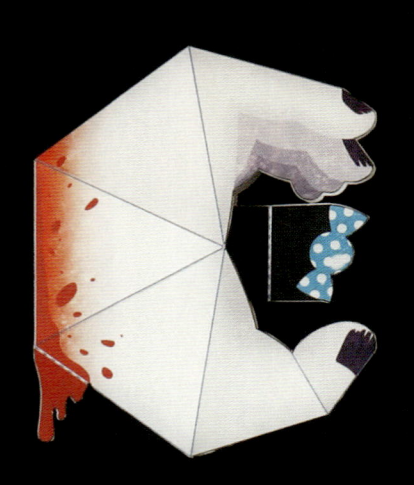

紙のからくり カミカラホラーで遊ぼ！

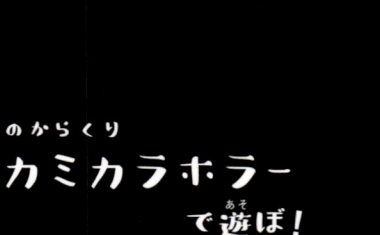

2018年10月10日 第1刷発行

著者 中村開己 （なかむらはるき）

発行者 中村 誠

印刷所 図書印刷株式会社

製本所 図書印刷株式会社

発行所 株式会社日本文芸社
〒101-8407
東京都千代田区神田神保町1-7
電話 03-3294-8931（営業）
03-3294-8920（編集）

Printed in Japan
112181001-112181001 Ⓝ 01 （111011）
ISBN978-4-537-21632-5
URL https://www.nihonbungeisha.co.jp/
© Haruki Nakamura 2018
（編集担当：河合）

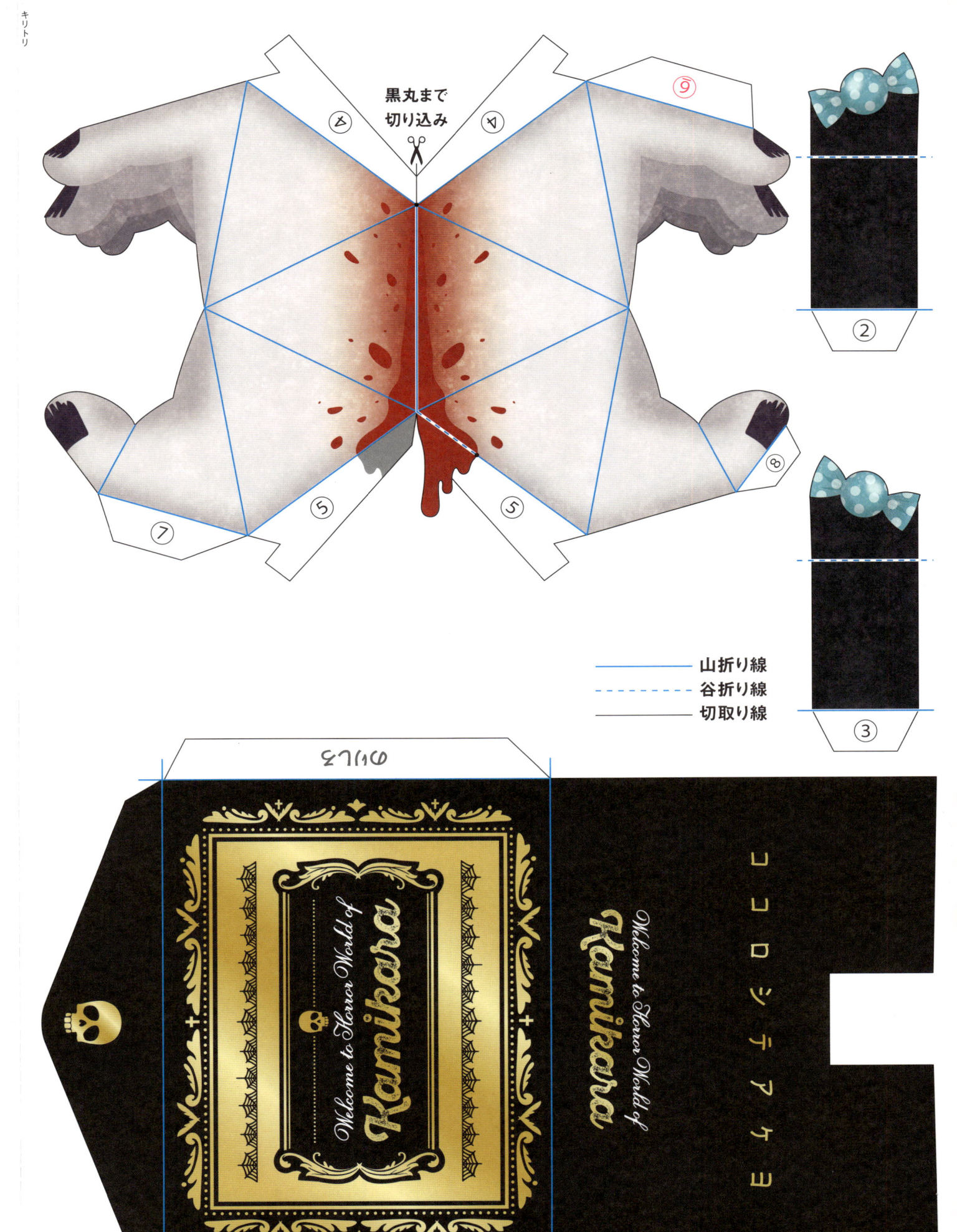

黒丸まで
切り込み

山折り線
谷折り線
切取り線

のりしろ

のりしろ

ココロシテアケヨ

Welcome to Horror World of
Kamikara

Welcome to Horror World of
Kamikara

⑥

③　②

①

⑦

⑧

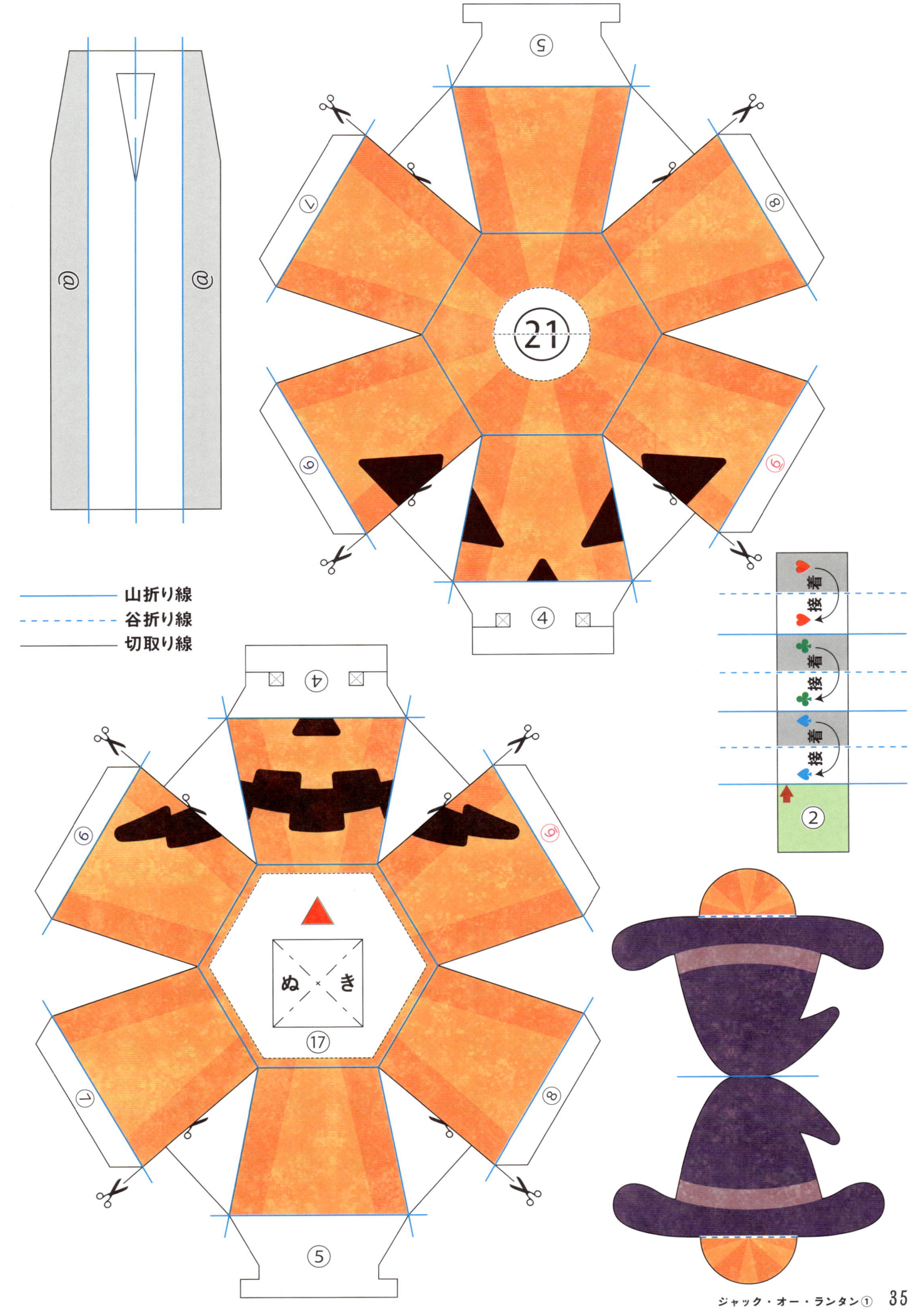

山折り線
谷折り線
切取り線

ぬ き ⑰

接着 接着 接着 接着 ②

ジャック・オー・ランタン① 35

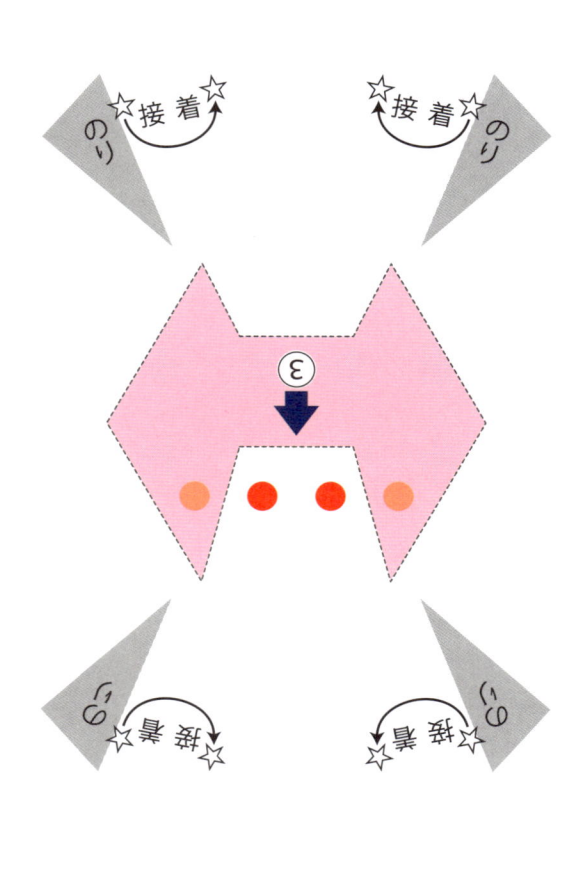
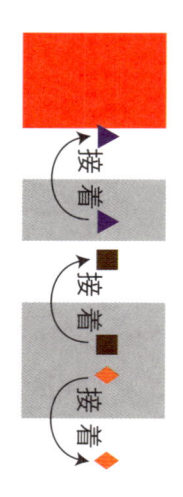

キリトリ

のり
⑲
のり

のり
⑱
のり

⑫

⑮ ⑱ ⑰ ⑲ ⑭

⑬ ぬき ⑯

⑪

山折り線
谷折り線
切取り線

⑩

⑪

⑬ ぬき ⑯

⑮ ⑭

⑫

①

③

②

のり ☆接着☆　☆接着☆ のり

のり ☆接着☆　☆接着☆ のり

紙のからくり

カミ
カラ

Ⓒカミカラ

⑩

①

キリトリ

④
⑨
③
②
⑦
⑩ ⑪ ⑫ ⑯ ⑰ ⑱

②
㊺
㉒
③

㊵ ㊸ ㊶ ㉚
㊴ ㊳ ㊲ ㊱
㊹ ㊸
㊹
㊺

㉓
㉔
㉕
㉖
㉗
㉘
㉙
㉛
㉜
㉝
㉞
㉟
㊱

㉑
㉓

山折り線
谷折り線
切取り線

⑨
㊱

⑪ ⑬
⑨ ⑧
⑳
⑦
⑲ ⑰
⑮ ⑭

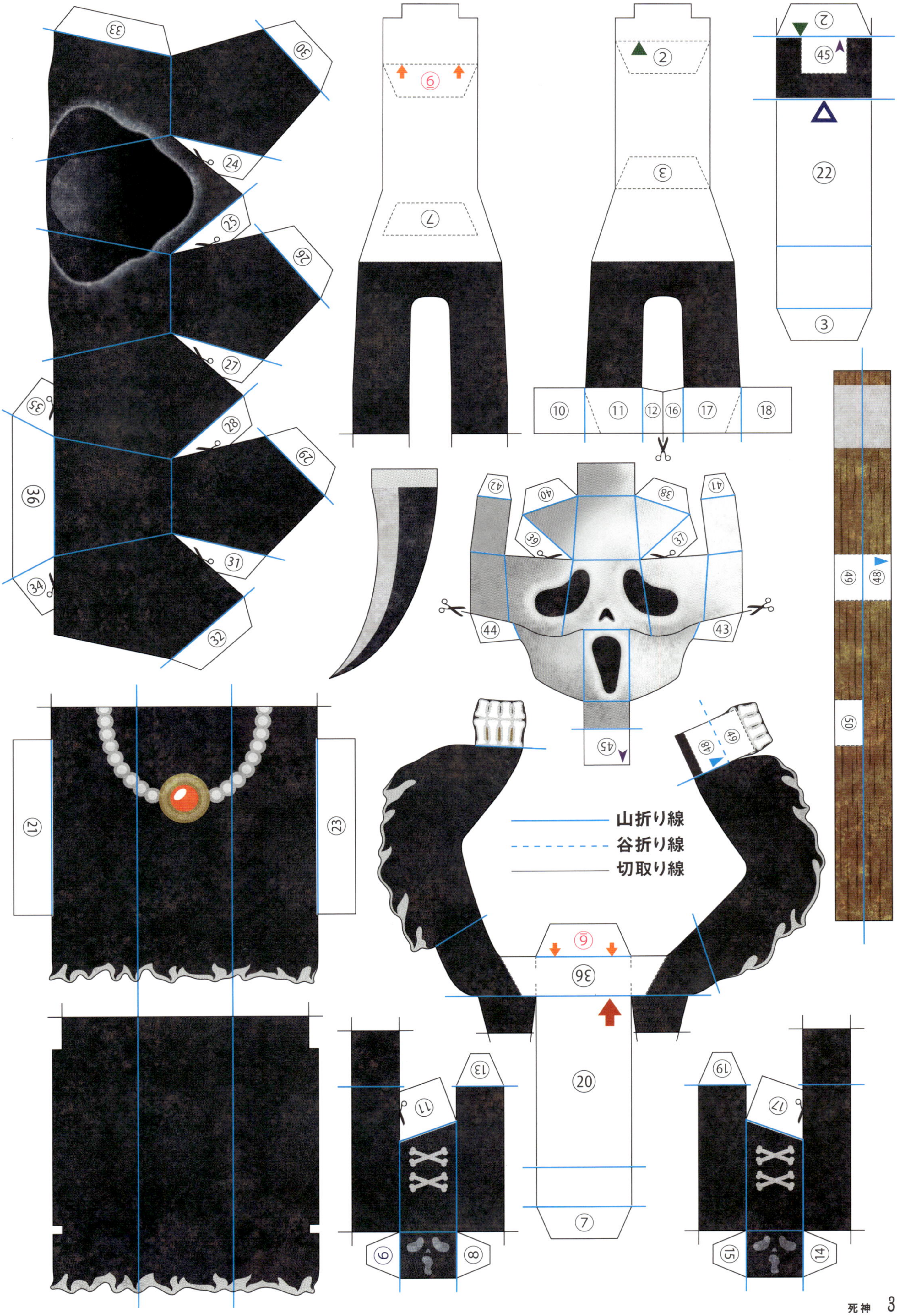

山折り線
谷折り線
切取り線

のり

よみがえりミイラ　41

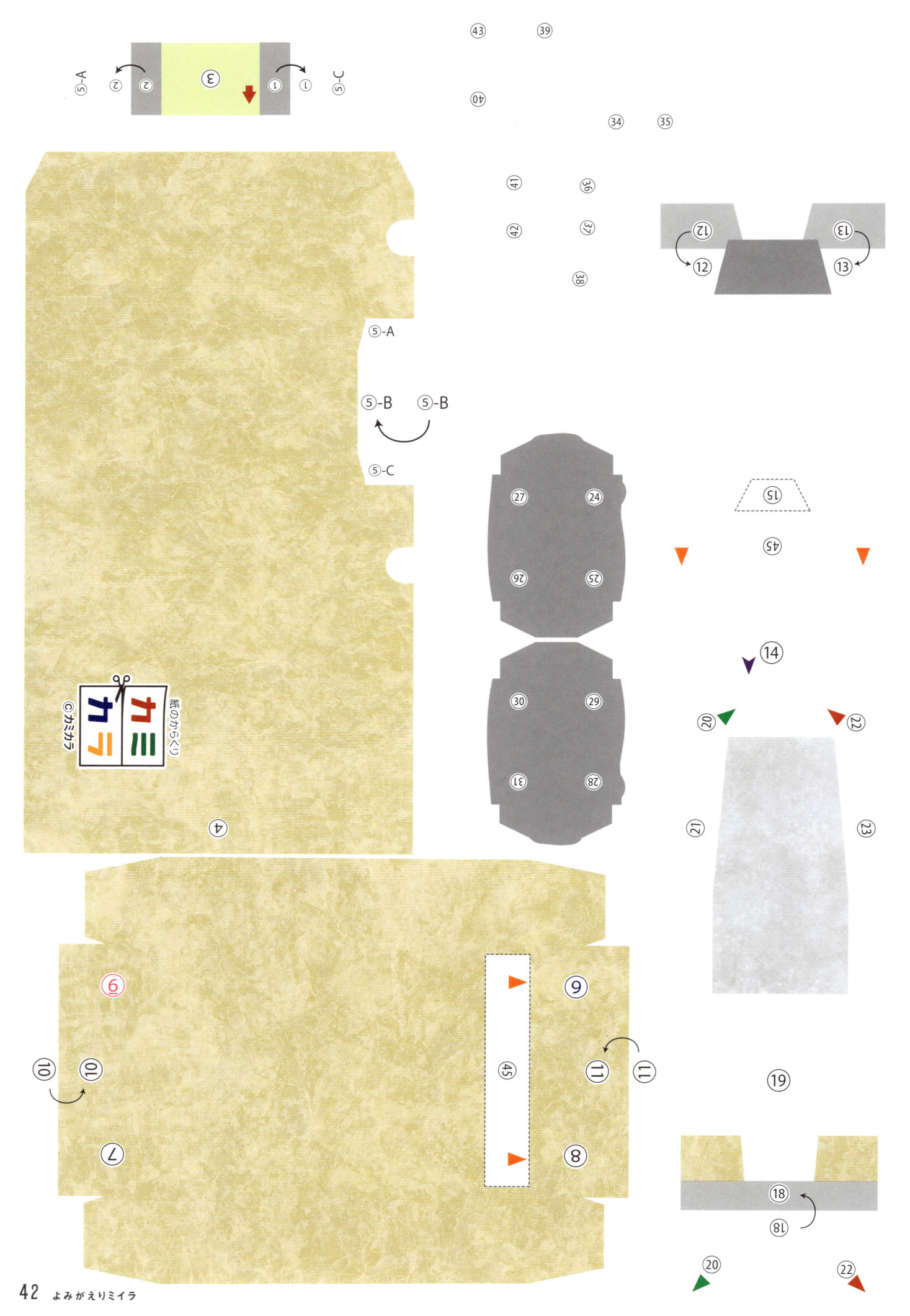

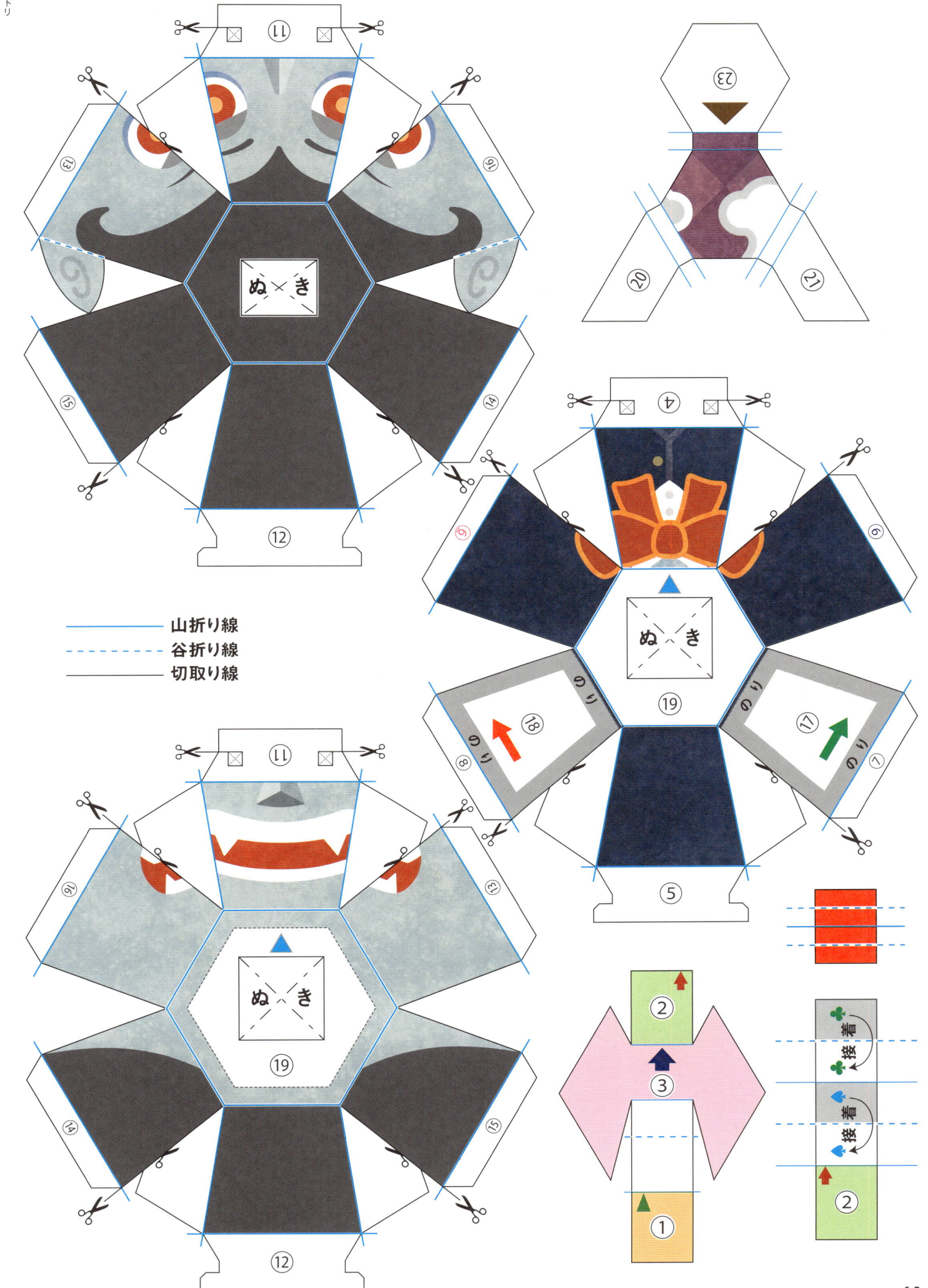

山折り線
谷折り線
切取り線

① ② ③ ④ ⑤ ⑥ ⑦ ⑧ ⑪ ⑫ ⑬ ⑭ ⑮ ⑯ ⑰ ⑱ ⑲ ⑳ ㉑ ㉓

ぬ×き

のり 接着

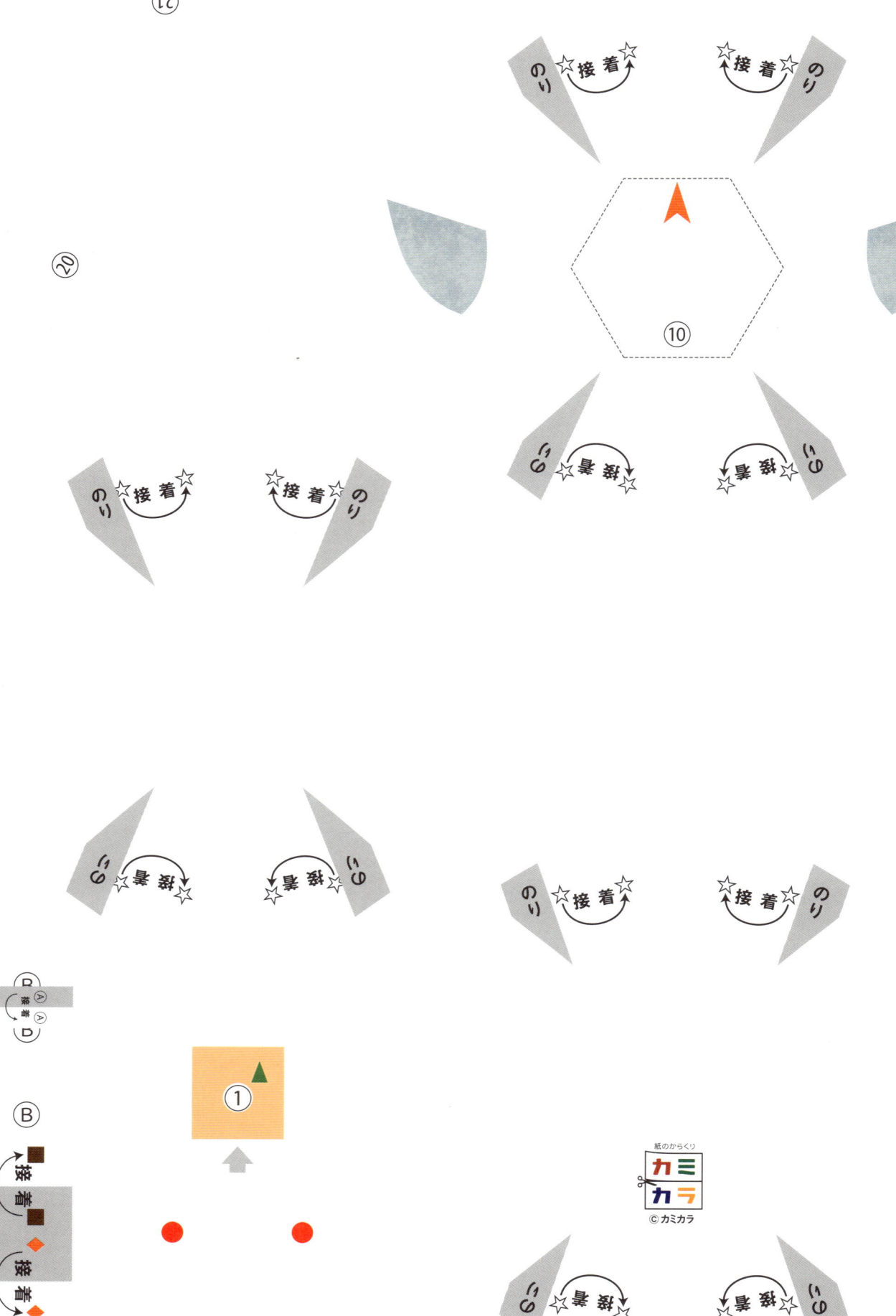

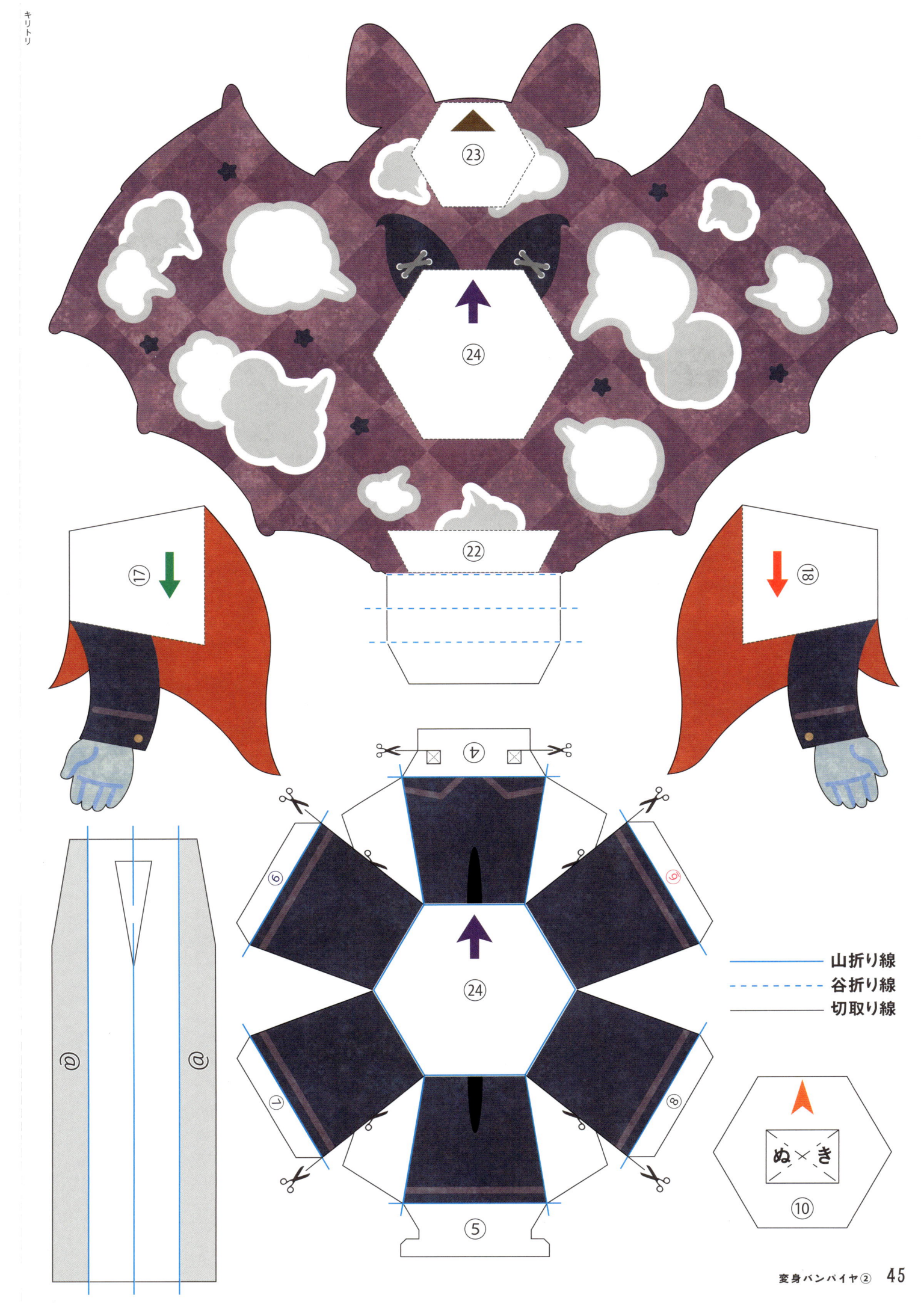

山折り線
谷折り線
切取り線

のり ☆接着☆

☆接着☆ のり

③

のり ☆接着☆

☆接着☆ のり

㉒

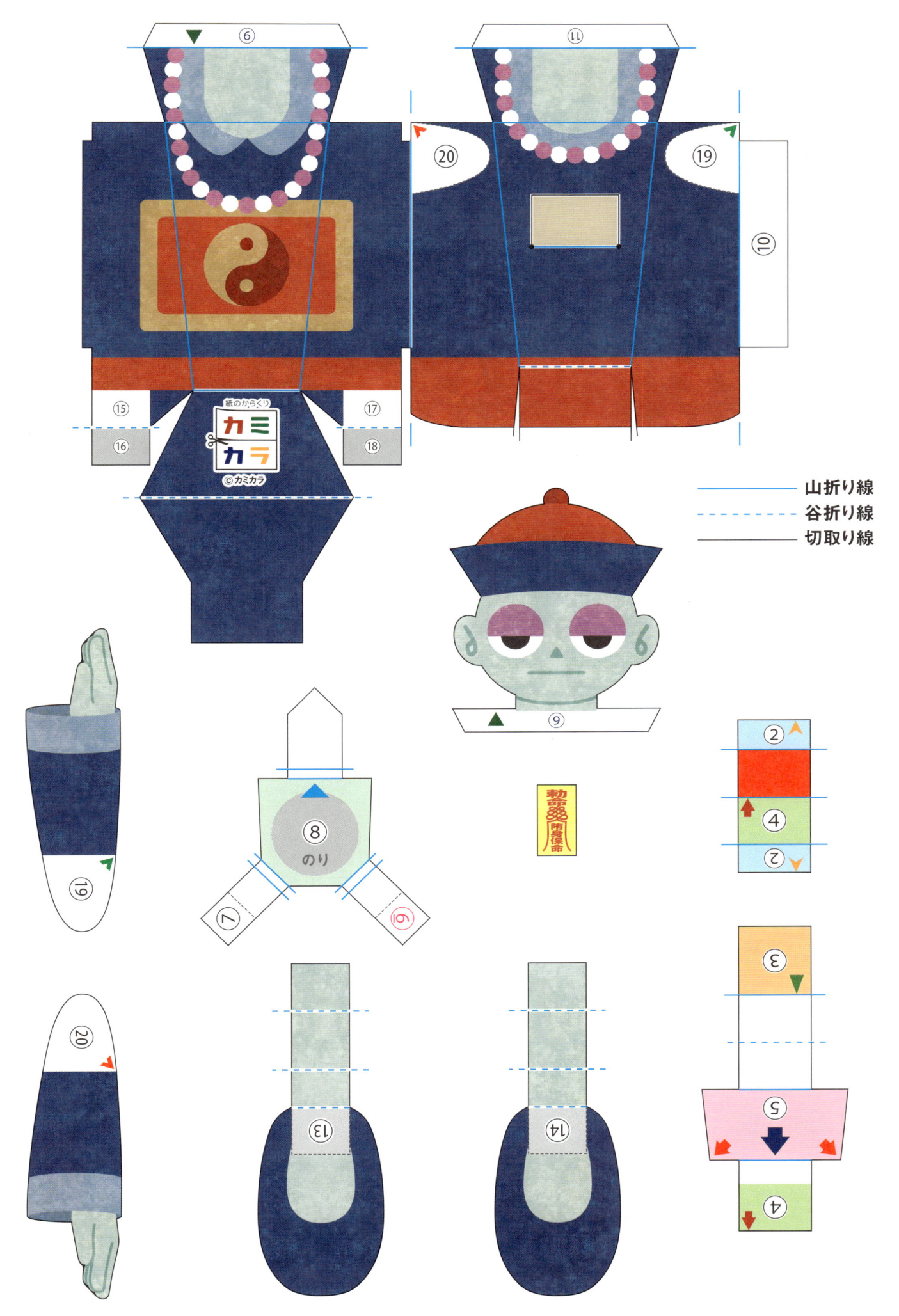

山折り線
谷折り線
切取り線

のり

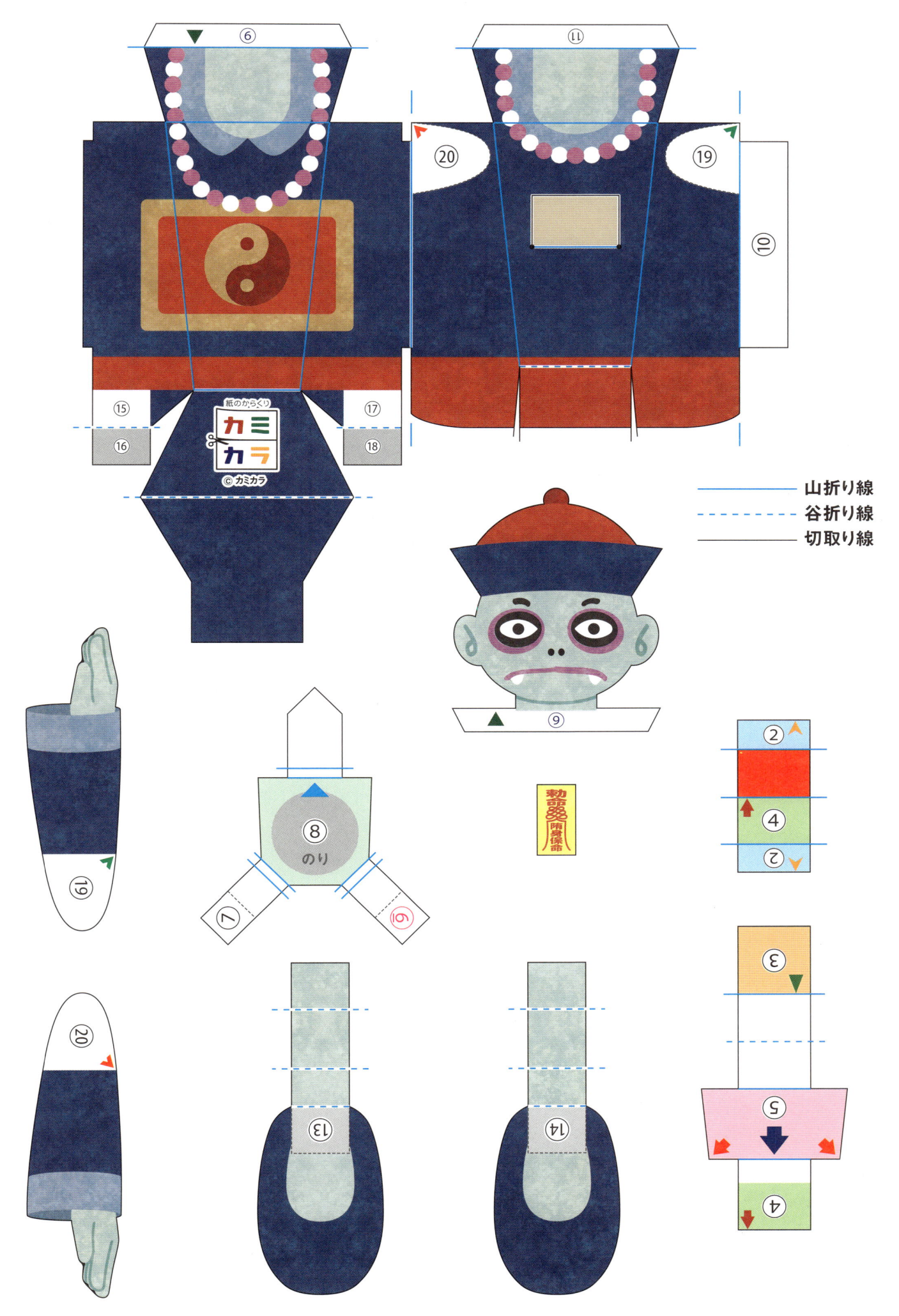

山折り線
谷折り線
切取り線

キリトリ

ぬ　き

| 山折り線 |
| 谷折り線 |
| 切取り線 |

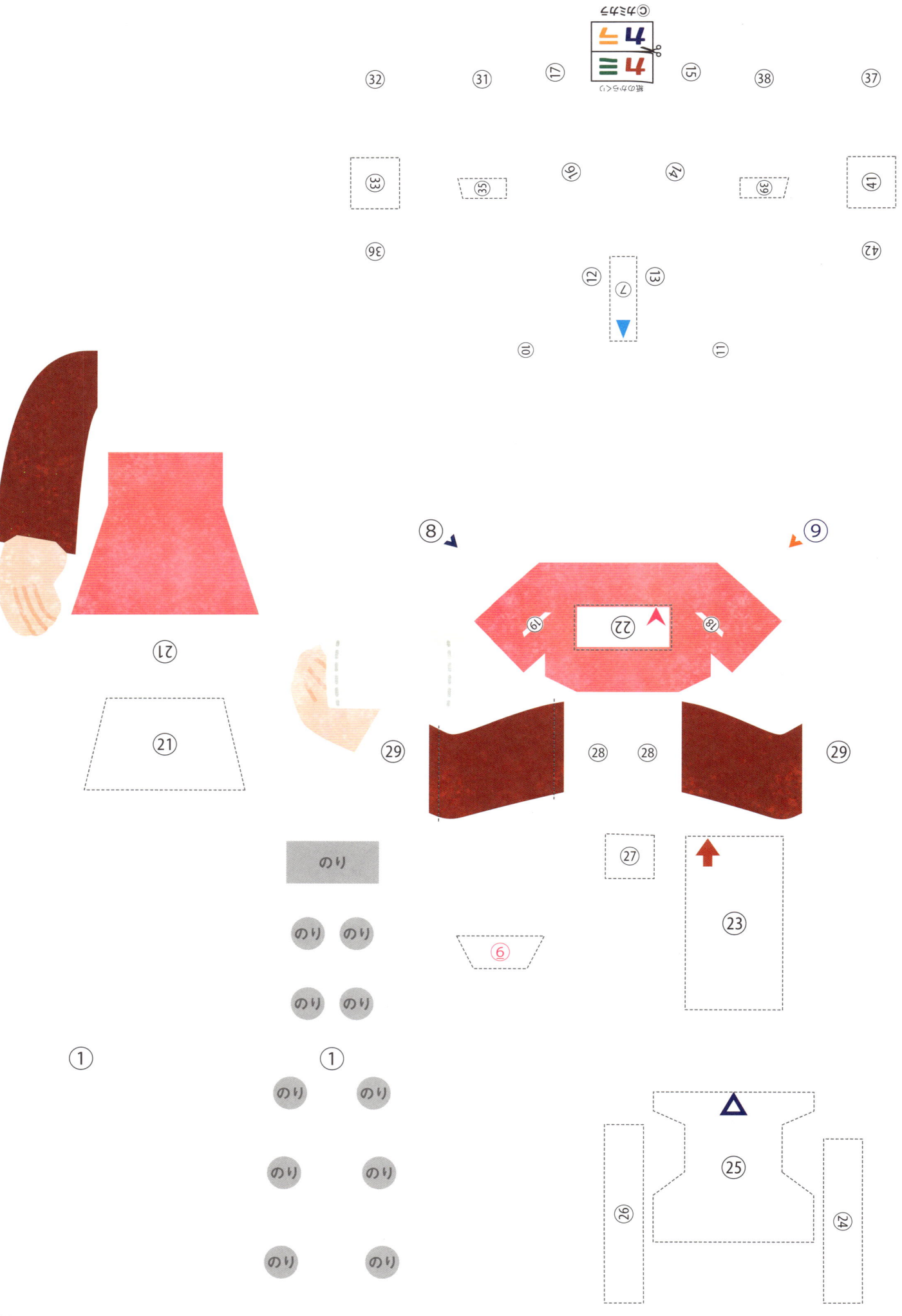

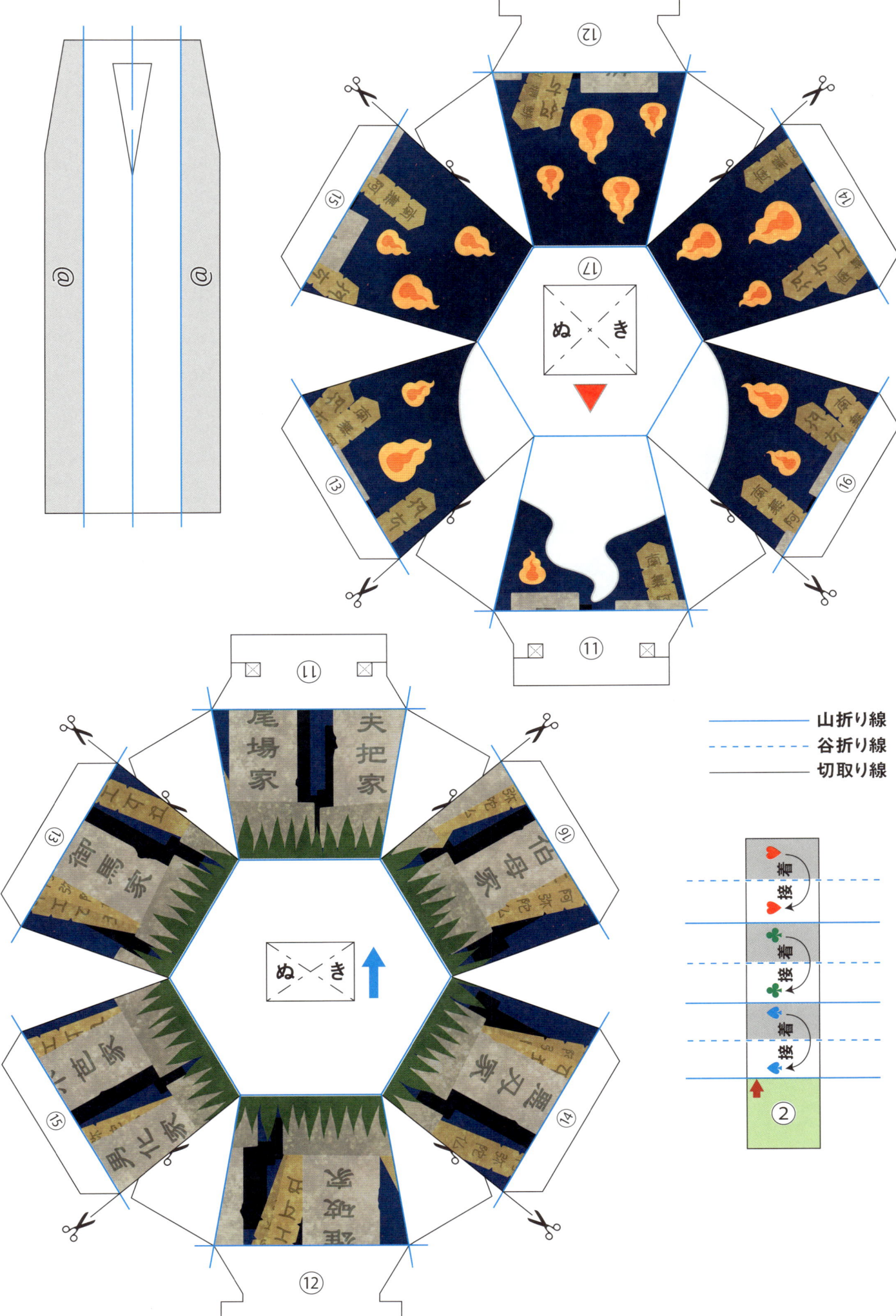

山折り線
谷折り線
切取り線

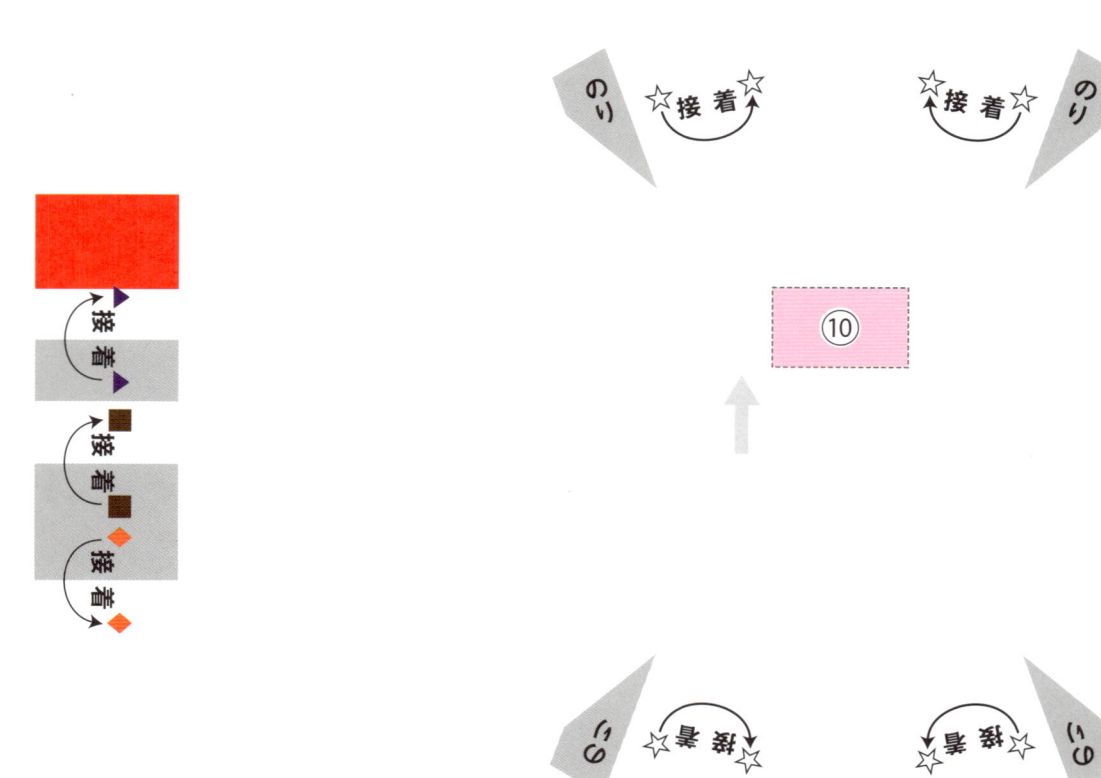

山折り線
谷折り線
切取り線

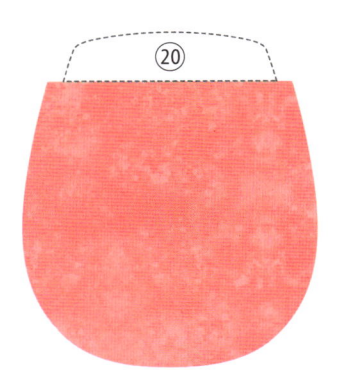

(20)

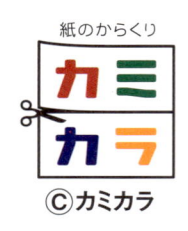
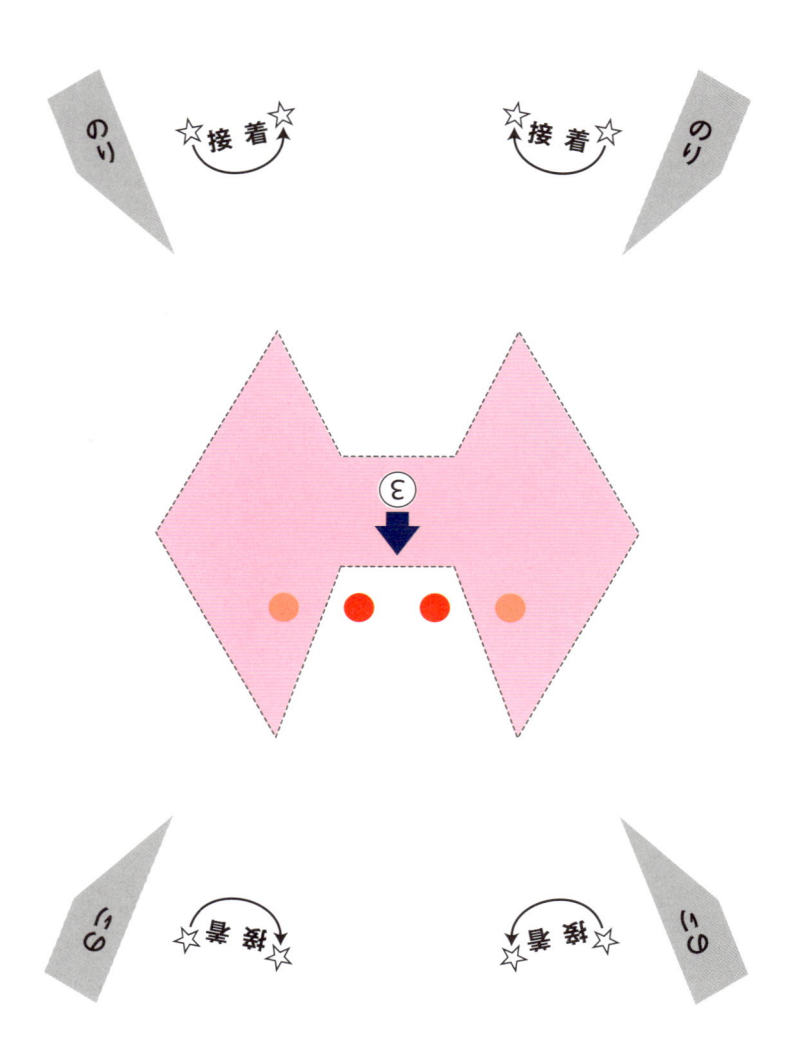

のり ☆接着☆ ☆接着☆ のり

③

のり ☆接着☆ ☆接着☆ のり

(21)

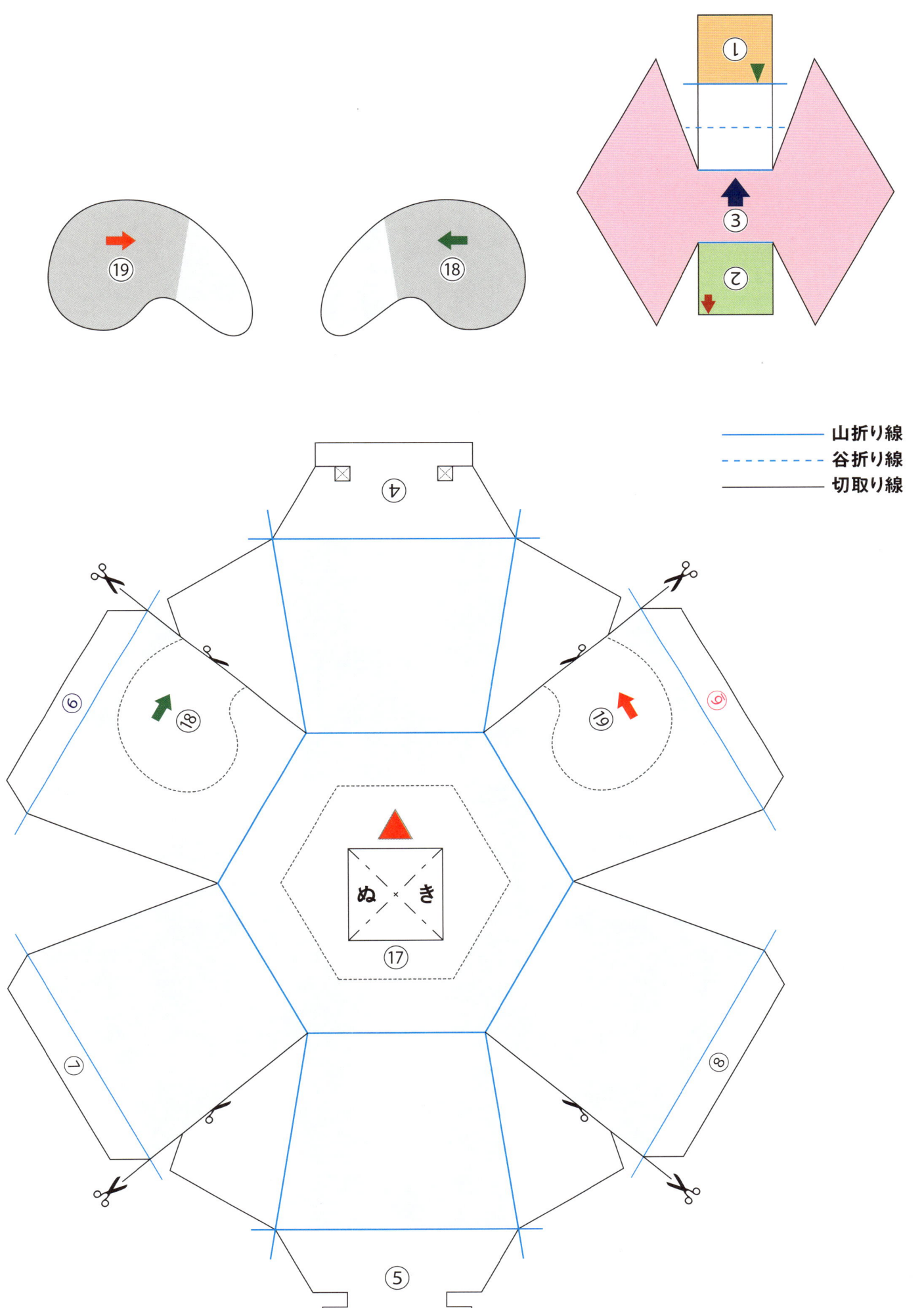

山折り線
谷折り線
切取り線

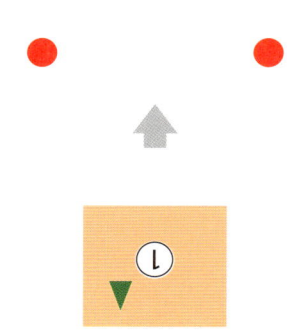

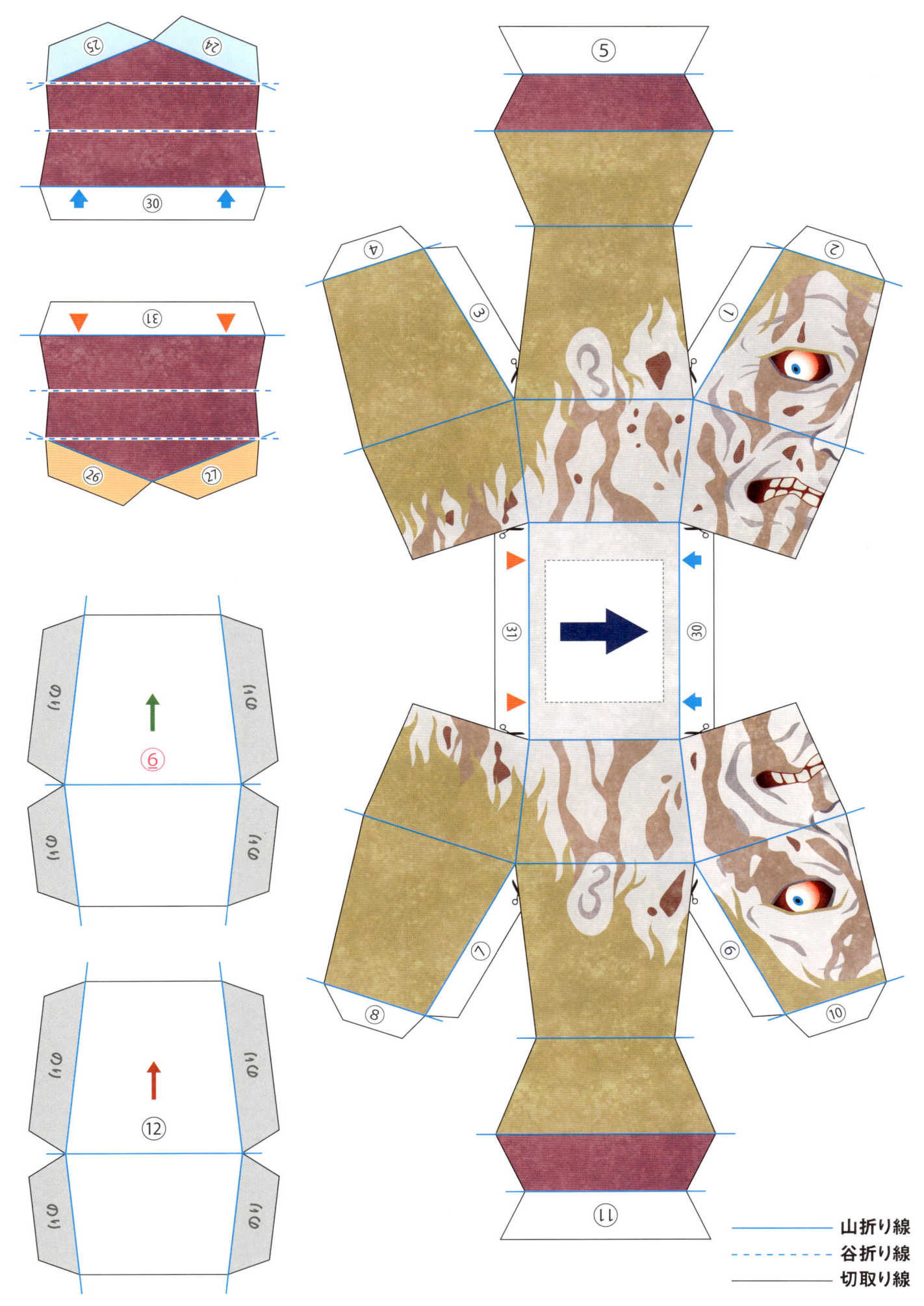

山折り線
谷折り線
切取り線

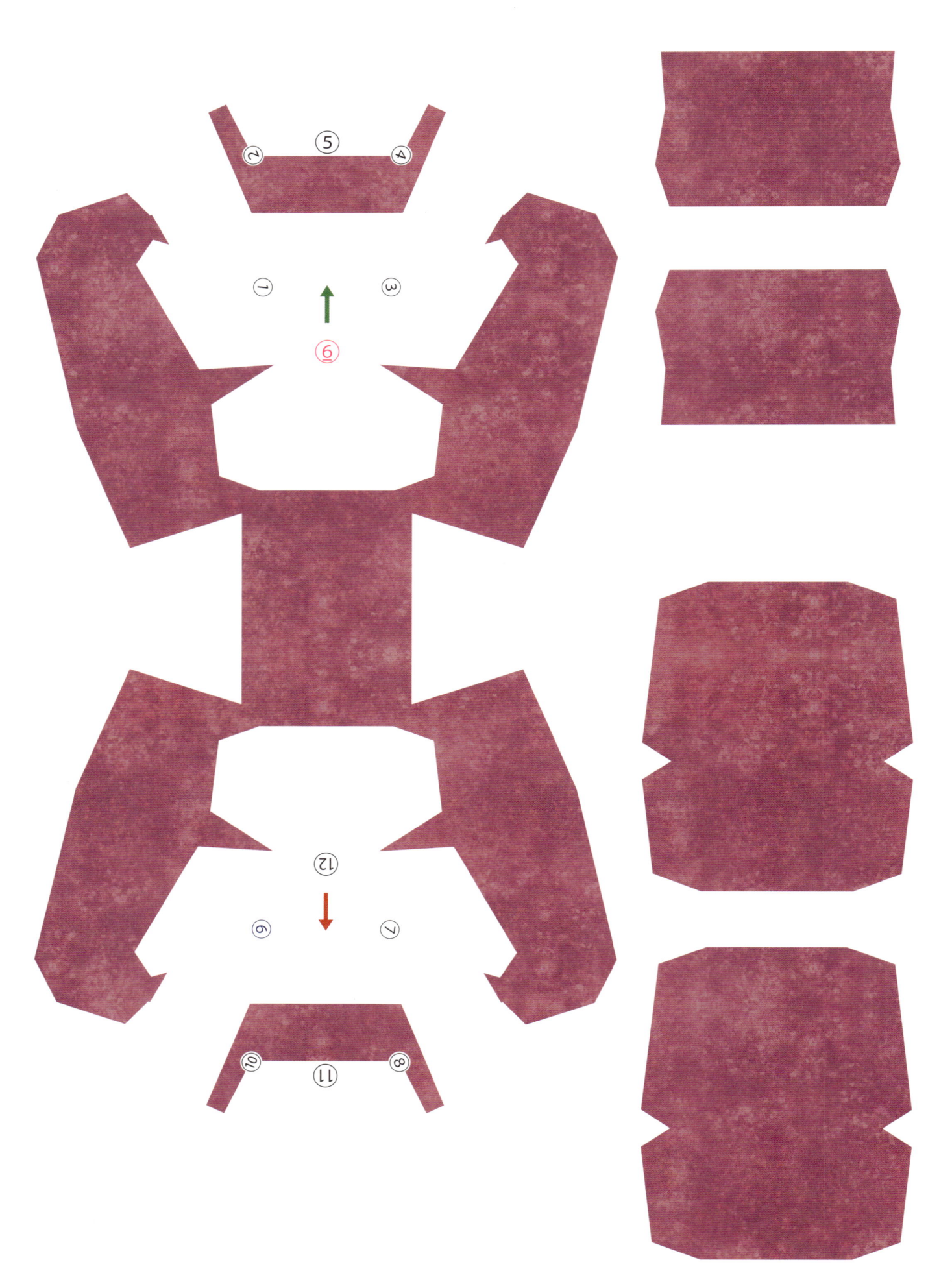

キリトリ

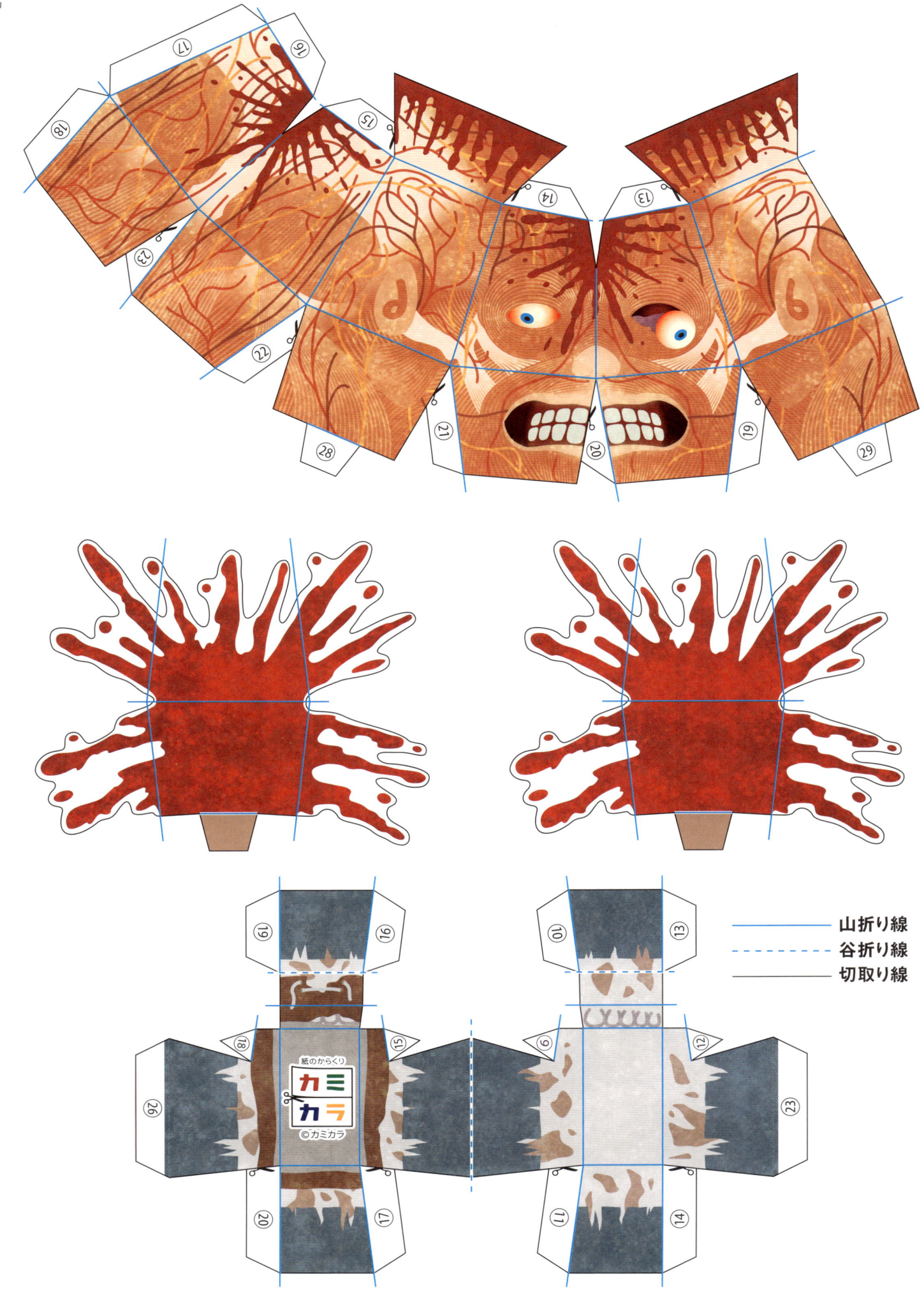

山折り線
谷折り線
切取り線

紙のからくり
カミカラ
©カミカラ

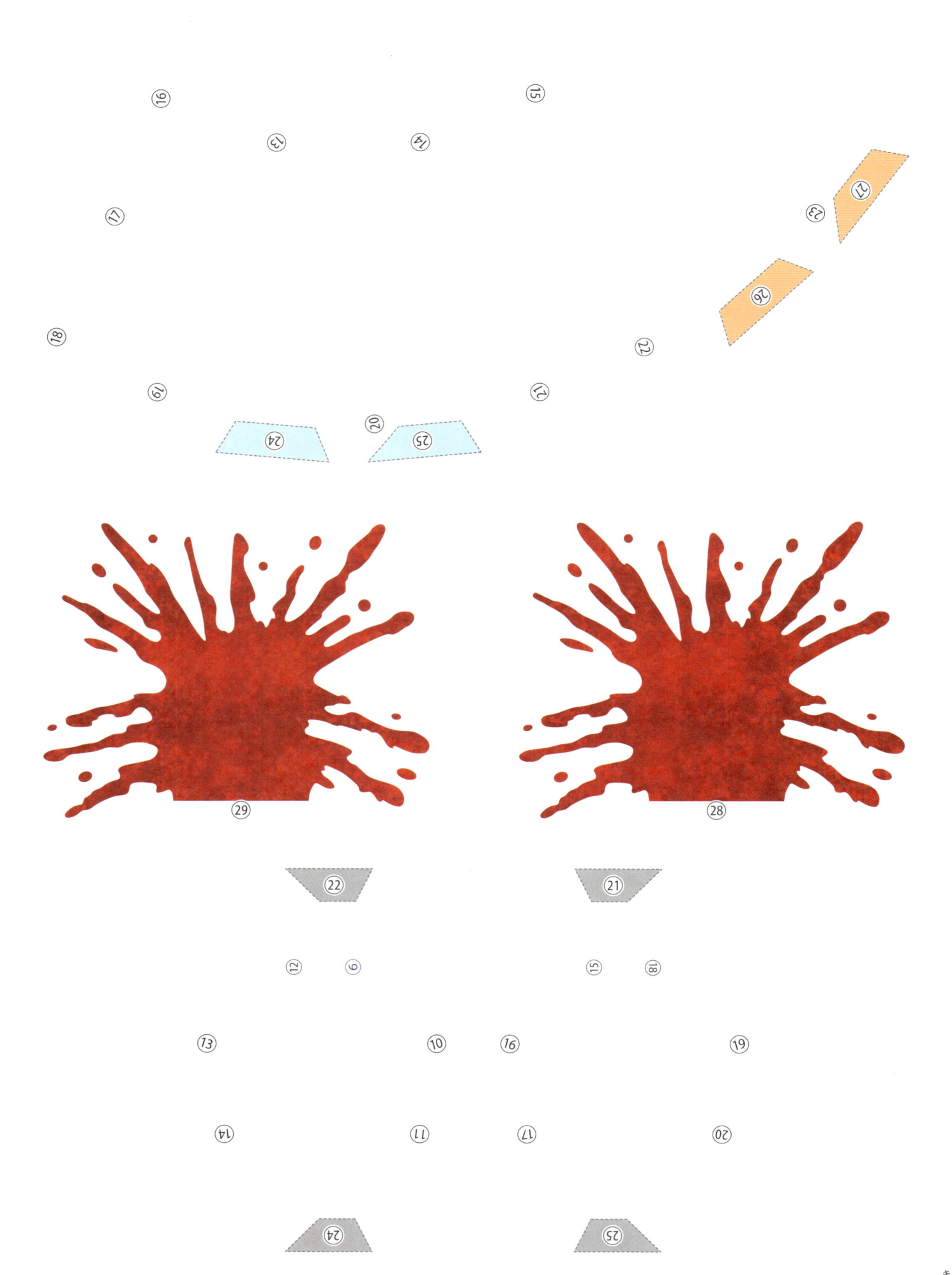

山折り線
谷折り線
切取り線

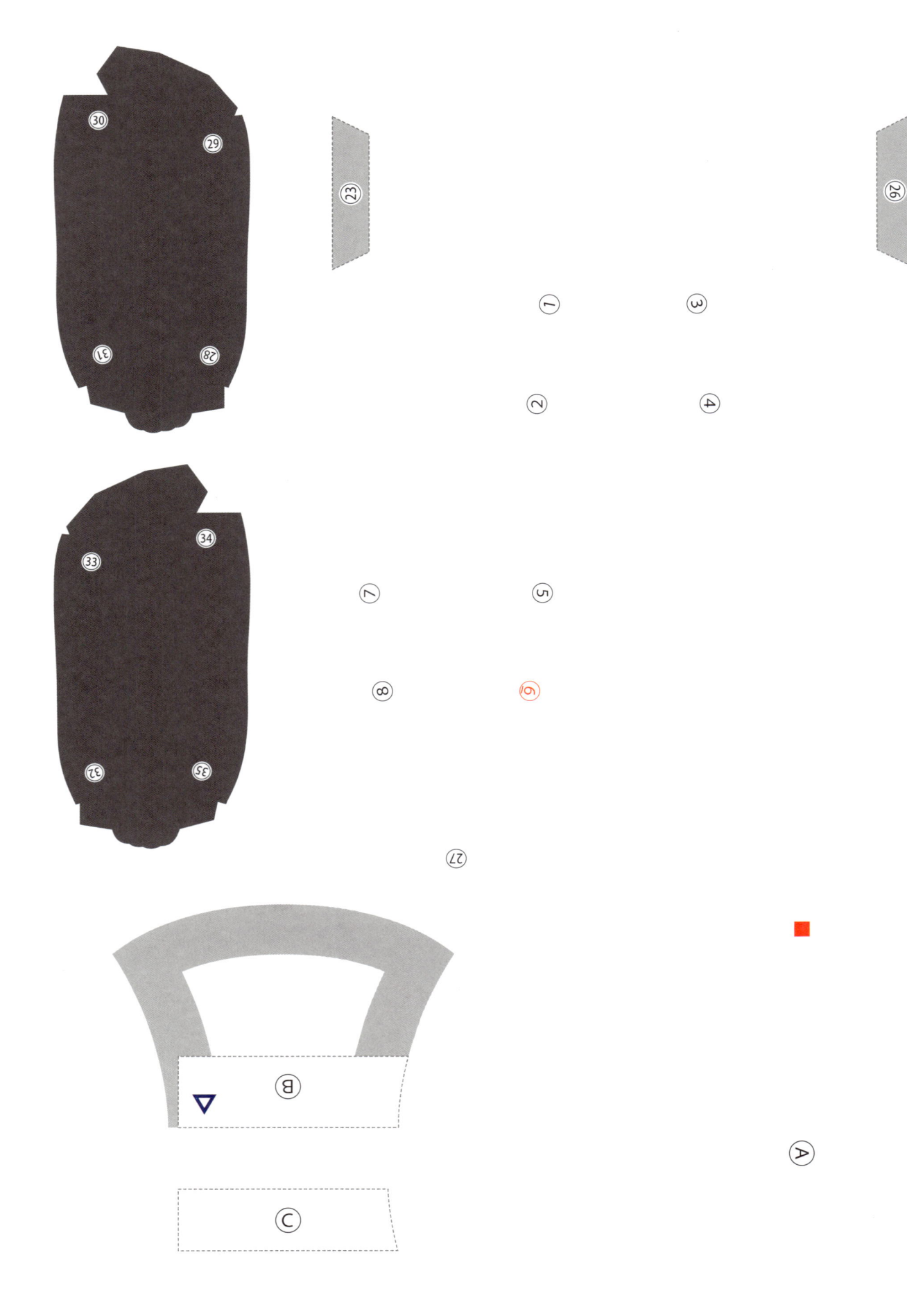